Entdecke deine Stadt

Anke M. Leitzgen und Lisa Rienermann

ENTDECKE DEINE STADT

STADTSAFARI FÜR KINDER

mit Fotos von Thekla Ehling, Patricia Neligan und vielen anderen

BELTZ
& Gelberg

Inhalt

Kapitel 1

Werde ein Stadtentdecker!

Kapitel 2

Was macht eine Stadt lebenswert?

Kapitel 3

Wie komme ich sicher ans Ziel?

Stadtsafari

Warum gibt es dieses Buch? Und wie findet man sich darin zurecht? Die Antworten darauf findest du hier:

Super, dass du da bist! Hast du Lust, dich mit auf eine Reise nehmen zu lassen? Dieses Buch ist nämlich eine Art Anleitung zum Stadtentdecken. Du erfährst darin, wie du die Stadt zum Riesenspielplatz erklären kannst. Weshalb es Stadt- und Straßenplaner gar nicht so leicht haben. Warum es wichtig ist, dass unsere Städte immer grüner werden. Wie Straßenkünstler ihre Arbeit machen.

S. 104

S. 116

Das Beste daran: Du kannst jetzt schon mitmischen. Und wenn du Spaß daran hast, könntest du irgendwann sogar zu denen gehören, die sich die Zukunft deiner Stadt ausdenken. Blättere einfach mal drauflos und bleib irgendwo hängen ...

Weil eine Stadt viele Ebenen und Bereiche hat, ist auch dieses Buch unterteilt. Deshalb kann man es ganz unterschiedlich nutzen: Als Sachbuch, indem du ganz viele Infos findest. Als Mitmachbuch. Als Ideenschatz für eine Stadtsafari mit Freunden, Geschwistern und Eltern. Damit du schnell zwischen den einzelnen Ebenen unterscheiden kannst, haben die Seiten verschiedene Farben:

S. 18

--- Weiß bedeutet: Hier gibt's Infos und Interviews von und mit Stadtexperten.

--- Blau bedeutet: Auf diesen Seiten findest du Tipps und Ideen, wie du selbst aktiv werden kannst.

--- Gelb bedeutet: Kinder und Jugendliche erzählen von ihren eigenen Erfahrungen in der Stadt.

--- Grün bedeutet: Das ist das Stadt-ABC, das wie ein Lexikon alle wichtigen, aber ungewöhnlichen Wörter zum Thema Stadt erklärt. Dazu gleich noch ein Tipp: Auf den anderen Seiten im Buch findest du manchmal einen Hinweis, der so aussieht: >>> *Siehe Stadt-Abc.* Dahinter steht jeweils ein Begriff, zu dem du eine Erklärung auf den grünen Seiten des Stadt-Abc findest.

S. 138

Außerdem begegnen dir im ganzen Buch verteilt kleine Zettel. Wie bei einer Schnitzeljagd steht darauf immer eine kleine Aufgabe. Wenn du sie erledigst, entdeckst du immer ein neues Stück von deiner Stadt.

S. 13

Und noch etwas: Die meisten spannenden Dinge rund um die Stadt befinden sich natürlich vor der Haustür. Aber auch im Internet kann man wirklich interessante Seiten anschauen. Alle Links, die wir in diesem Buch empfehlen, sind kostenlos und von uns geprüft. Weil das Netz aber so schnelllebig ist, kann es passieren, dass sich eine Adresse verändert oder eine Seite nicht mehr aktiv ist. Das liegt einfach nicht in unserer Hand. Sprich deshalb bitte immer mit deinen Eltern, wenn du dir etwas davon im Netz anschauen möchtest. Das gilt natürlich auch fürs Hoch- und Runterladen.

Ansonsten gilt: Mach dich auf den Weg! Entdecke deine Stadt! Hab Spaß dabei!

Mehr sehen, mehr fühlen, mehr erleben:

WERDE EIN STADT-ENTDECKER!

Beschreibe, wie du leben möchtest, wenn du 20, 40 oder 60 Jahre alt bist.

Jeder von uns lebt in einem Haus. Die meisten Häuser stehen in einer Straße. Und Straßen gibt es viele in Städten. Man könnte also annehmen, dass sich nahezu alle Menschen mit Städten, Straßen und Häusern wirklich gut auskennen. Das stimmt aber nicht. Anders als etwa bei Automarken und Autotypen können die wenigsten von uns „Haustypen" benennen. Oder gar die Vor- und Nachteile des eigenen Wohnhauses mit denen eines anderen Hauses vergleichen. Aus irgendeinem Grund tun wir so, als würden Gebäude ähnlich zufällig und wild wie Bäume in einem Urwald wachsen und als hätte das alles so wenig mit uns zu tun, dass wir gar nicht genau hinschauen müssen.

Wie kommt das? Warum diskutieren wir zum Beispiel ausgiebiger über den Vereinswechsel eines Spielers in der Bundesliga als über einen neuen Straßenverlauf? Weil wir es nicht gelernt haben, unsere gebaute Umwelt wirklich wahrzunehmen. Das ist vor allem deshalb ziemlich merkwürdig, weil es um uns geht. Es macht einen Unterschied, ob man in einer freundlichen, schönen Stadt wohnt oder nicht. Und es sollte einem kein bisschen egal sein, ob man sich wohlfühlt oder nicht. Stadt geht uns alle an, weil wir in ihr leben. Deshalb ist es wichtig, dass jeder mitredet und mitdenkt. Zum Beispiel, damit der Zebrastreifen dorthin kommt, wo er wirklich gebraucht wird. Oder dass neue, sichere Radwege angelegt werden, um mehr Menschen aus dem Auto und auf den Sattel zu locken. Den ersten Schritt kann jeder sofort tun, nämlich mit offenen Augen durch die Stadt gehen. Wie will ich leben? Wie will ich wohnen? Wo? Mit wem? Welche Wohnform passt zu mir? Jetzt? In Zukunft?

Vielleicht fragst du dich, was du davon hast, wenn du dich mit diesen Fragen beschäftigst. Ganz einfach: Du siehst mehr und verstehst, dass sich das, was heute gebaut wird, auf deine Zukunft auswirkt. Denn mit einem Gebäude müssen wir lange leben, egal, ob es klug geplant wurde oder nicht. Dabei spielt auch das Aussehen eine Rolle: Besonders auffällige Gebäude können zum Beispiel auf den ersten Blick begeistern. Aber wie lange hält die Faszination an? Wenn man eine supermodische Hose im nächsten Jahr absolut peinlich findet, ist das eine Sache. Wenn das Gleiche mit einem großen Gebäude passiert, eine ganz andere. Das lässt sich nämlich nicht mal so eben ersetzen. Damit müssen unter Umständen sogar noch deine Enkel leben. Deshalb: Je mehr Menschen lernen, ihre gebaute Umwelt wahrzunehmen, desto kritischer werden sie ihre Ideen in die Stadtplanung einbringen. Das macht das Leben in der Stadt angenehmer. Für alle Bewohner. Auch für dich.

>>> SPITZE DEINE OHREN

Wo findest du Stille in deiner Stadt? Fotografiere diese Plätze.

1

Im Mittelalter war alles anders. Auch der Lärm. Damals verursachte die Natur noch die meisten Geräusche: durch Regen, den Wind oder die Tiere. Nur einen Bruchteil der Alltagsgeräusche machten die Menschen selbst, Werkzeuge oder Maschinen erzeugten viel weniger Krach als heute. Und jetzt? Auf Schritt und Tritt wird man von Lärm verfolgt. Hier hupt es, da rauscht es. Hier quietscht es, da wummert es. Hier hämmert es, da röhrt es. Auf der Straße, in Gebäuden, überall. Sogar die Vögel zwitschern in den Städten besonders laut. Um gegen den Verkehrslärm anzusingen, kommen sie auf insgesamt 95 Dezibel (so heißt der Lautstärke-Messwert). Damit sind sie so laut wie ein Presslufthammer. Nur: Was macht man gegen so viel Lärm? Die Ohren auf Durchzug stellen? Besser als Weghören funktioniert das Gegenteil davon: bewusstes Hinhören. Was höre ich? Was macht das mit mir? Was will ich nicht hören? Wo höre ich gern hin? Jeder Mensch braucht nämlich ein Gleichgewicht von laut und leise, um gesund zu bleiben. Deshalb ist es wichtig, dass du weißt, was deinen Ohren guttut und wie und wo du dir Stille verschaffen kannst.

>>> Siehe Stadt-Abc > Lärmverschmutzung

2

Mach den Test: Welche Situation in den Fotos erzeugt wohl welchen Messwert? Die Lösung findest du unten auf dieser Seite.

3

4

5

LÖSUNG: 1d; 2c; 3b; 4a; 5e

a
b
c
d
e

>>> NUTZE ALLE SINNE

Ertaste deine Stadt. Was nimmst du mit den Fingerspitzen wahr?

Jeder Ort in der Stadt erzeugt Gefühle. Auch in dir. Ist dir das schon einmal aufgefallen? Tatsächlich gibt es keinen einzigen Platz, der nichts mit einem macht. Aber meistens passiert das unbewusst. Wenn du einen bestimmten Ort besonders intensiv wahrnehmen möchtest, versuch doch mal Folgendes: Setz oder stell dich bequem hin, atme ein paarmal tief durch die Nase ein und aus. Du kannst dabei die Augen schließen oder nicht. Mach es so, wie es für dich richtig ist. Lass deine Gedanken dabei kommen und gehen. Wie reagiert dein Körper auf den Ort? Mag deine Nase, was sie riecht? Hören deine Ohren gern, was sie aufnehmen? Ist es laut oder leise? Ist es zugig oder windstill? Nimm einfach deine Umgebung wahr, wie sie bei dir ankommt. Falsch oder Richtig gibt es dabei nicht. Was zählt, ist deine Reaktion. Wichtig ist nur, dass du dir ein bisschen Zeit nimmst für dieses Experiment. Und wenn du damit fertig bist, schau dich um. Was siehst du jetzt, was du vorher nicht bemerkt hast?

Du ahnst es vielleicht schon: Wenn man sich die Zeit nimmt, einen Raum mit allen Sinnen zu erfassen, versteht man plötzlich, was er mit einem macht. Mehr von deiner Umgebung wahrzunehmen, kannst du auch ganz gezielt trainieren. Zum Beispiel, indem du deinen Tastsinn aktivierst und deine Stadt ganz bewusst mit den Händen berührst. Das geht natürlich nicht im Ganzen, aber im Detail. Wie rau oder glatt ist die Borke des Baumes, an dem du jeden Tag vorbeikommst? Was für ein Baum ist es überhaupt? Bläst der Wind an manchen Ecken stärker als an anderen? Wärmt die Sonne dein Gesicht, wenn sie hinter einer Wolke hervorkommt? Oder deinen Rücken? Kitzelt das Gras zwischen deinen Zehen? Wird dir das Pflaster des Bürgersteigs im Sommer unter den nackten Fußsohlen zu heiß? Und das Metallgeländer im Winter an den Händen zu kalt? Geh mit offenen Augen und Ohren durch die Straßen. Fahre deine Finger wie Antennen aus und begreife deine Stadt! Los!

Eine kurze Anleitung zum Stadtfühlen

1--- Gehe an einen Ort, an dem du besonders gern bist. Was macht diesen Ort aus? Wie unterscheidet er sich von anderen Orten? Was findest du attraktiv? Was nicht?

2--- Schließe die Augen: Was hörst du? Was riechst du? Was fühlst du? Welche Gedanken gehen dir dabei durch den Kopf?

3--- Was würdest du gern an diesem Ort machen? Was möchtest du hier ganz sicher nicht tun?

Moselweiß
Karthause
1
2
3
4

WIE MACHE ich ein IDEENBUCH?

Gute Ideen sind kostbar. Deshalb lohnt es sich, zumindest die allerbesten Gedanken aufzuschreiben oder aufzumalen, sobald sie im Kopf aufpoppen. Um schnell mal was hinzukritzeln, genügt natürlich irgendein Zettel.

Viel spannender ist es aber, alle Notizen zu einem ganz bestimmten Thema in einem eigenen Buch zu sammeln. Dadurch wird es mit der Zeit zu einer richtigen Ideen-Fundgrube, in der man immer wieder mal etwas nachschlagen kann. In ein solches Ideenbuch kannst du schreiben, aber natürlich auch Fotos und Fundstücke einkleben oder Skizzen reinmalen. Aber Vorsicht: Wenn man damit erst einmal angefangen hat, kann man kaum wieder aufhören.

Du glaubst, du kannst nicht zeichnen?
Dann versuch doch einmal Folgendes: Bevor du den Stift in die Hand nimmst, schaust du dir den Gegenstand, den du malen willst, ganz genau an. Möglichst aus verschiedenen Blickwinkeln. Guck ihn dir so lange an, bis du ihn wirklich gesehen hast. Der Witz ist nämlich: Wenn du dich darin trainierst, eine Sache so intensiv wie möglich zu betrachten, wird das Zeichnen einfacher.

Ideenheft selber machen

1 --- Etwa sechs DIN-A4-Blätter stapeln und in der Mitte falten.

2 --- Auf der Mittellinie mit einer dicken Nadel in gleichmäßigen Abständen fünf Löcher bohren.

3 --- Die Mitte mit Nadel und Faden zusammennähen. Erst in die eine Richtung nähen und am letzten Loch wenden. Wieder zurück zum ersten Loch nähen.

4 --- Anschließend die Fäden verknoten.

Rein oder raus? Jede Tür stellt uns vor diese Frage. Kein Wunder: Schließlich hat sie den Zweck, Räume voneinander zu trennen oder sie miteinander zu verbinden. Und egal, wie sie aussieht: Das Beste an jeder Tür ist immer, dass man ahnen kann, was sich hinter ihr versteckt: eine Geschichte!

Stadtentdecker werden

>>> ENTDECKE BESONDERE TÜREN UND TORE

Zeichne deine eigene Haustür so detailliert wie möglich aus dem Gedächtnis.

Stadtentdecker werden

\>>> FINDE INTERESSANTE HAUSNUMMERN

Gestalte eine Hausnummer, die zu deinem Haus passt.

Hausnummern können im Notfall LEBEN retten. Dazu müssen sie gut sichtbar sein.

Stadtentdecker werden

>>> SUCHE NACH WITZIGEN FENSTERN

Fotografiere zehn Fenster, die dich neugierig auf das Zimmer dahinter machen.

Stadtentdecker werden

>>> VERGLEICHE ASPHALT UND CO.

Pause mindestens fünf verschiedene Straßenbeläge ab. Zum Beispiel in dein Ideenbuch.

Die Entfernung von Kaugummi auf
der STRAßE kostet jedes Jahr rund
900 MILLIONEN EURO

>>> STELLE DEINE FUNDSTÜCKE AUS

Suche auf der Straße fünf runde Dinge, fünf lange Dinge und fünf bunte Dinge ...

Sachen suchen ist auf Anhieb nicht immer leicht. Nicht, weil es zu wenig zum Finden gibt. Im Gegenteil, es liegt viel zu viel rum auf den Straßen, was streng genommen in den Mülleimer gehören würde. Aber manchmal finden sich sogar darunter noch ganz brauchbare Dinge. Oder solche, die zusammen eine kleine, feine Sammlung unter einem bestimmten Motto ergeben. Und mit einem Sammelbegriff bekommt jede Suche einen spannenden Dreh.
Sag dir zum Beispiel: „Heute sammle ich nur eckige Dinge.“ Oder runde oder blaue oder gestreifte oder bedruckte oder gepunktete. Oder, oder ...

Anstelle von Gegenständen kann man natürlich auch Eindrücke sammeln. Was finde ich, wenn ich immer die zweite Straße links gehe? Dreimal um die Ecke gebogen, beginnt vielleicht schon das nächste Viertel. Noch eine Straße weiter links kommt man eventuell aus der Ruhe in den Trubel. Wieder zwei Abbiegungen später steht man möglicherweise mitten im Grünen. Denn genauso ist das Leben in der Stadt: Hinter jeder Straßenecke kann eine neue Welt beginnen.

... oder finde in fünf Minuten fünf verschiedene Sachen aus Metall.

>>> FINDE DIE GESICHTER DEINER STADT

Suche drei Tage lang jeweils drei Dinge, die zufällig ein Gesicht haben.

Versuch doch mal, mit deiner Kamera einen kleinen Ausschnitt von der Welt einzufangen, den zuvor noch niemand wahrgenommen hat. Hast du zum Beispiel schon nach Gesichtern in der Stadt gesucht? Falls du sie nicht gleich auf Anhieb findest, lass dich davon nicht entmutigen. Deine Augen müssen erst lernen, wonach sie gucken sollen. Denn auch wenn man das Gefühl hat, dass man alles sieht - in Wirklichkeit nimmt man meist nur das wahr, was man gut kennt. Mach deshalb einfach weiter. Die ersten Gesichter werden dir garantiert begegnen, und wenn du erst weißt, wie du nach ihnen Ausschau halten musst, findest du bald immer mehr. Denn sie verstecken sich tatsächlich überall: Fenster können wie Augen aussehen. Mauervorsprünge wie Nasen. Türen und Tore wie Münder. Das Beste daran: Kein Gesicht gleicht einem anderen. Eines guckt fröhlich, ein anderes grimmig oder verschlafen oder fies. Besonders lustig wird die Suche übrigens zusammen mit Eltern oder Geschwistern oder Freunden. Logisch: Viele Augen entdecken immer viel mehr als zwei.

>>> LIES HAUSFASSADEN

Fotografiere die Häuser deiner Lieblingsstraße und klebe daraus eine Collage.

Die Zutaten, mit denen Häuser gebaut werden, gleichen einander fast immer: Stein, Glas, Holz, Beton. Damit darf ein Architekt jedoch nicht einfach arbeiten, wie er will. Stattdessen muss er sich an bestimmte Richtlinien halten, die von der Stadt vorgeschrieben werden. Bestimmt wird zum Beispiel, wie breit das Haus werden darf oder wie viele Stockwerke es haben muss. Das klingt einengend, und das ist es auch. Gleichzeitig werden aber genau diese Einschränkungen gebraucht, wenn ganz unterschiedliche Fassaden zusammenpassen sollen. Denn innerhalb der Vorgaben kann jeder Architekt etwas ganz Eigenes entwickeln wie zum Beispiel auf dem Bild oben. (Das ist übrigens der Caroline-von-Humboldt-Weg in Berlin.) Dadurch wird das Ergebnis einerseits nicht langweilig. Andererseits sorgen die Richtlinien für Harmonie. Und abwechslungsreich und gleichzeitig harmonisch ist genau das, was unser Auge mag. Achte mal darauf, ob diese Eigenschaften auch auf deine Lieblingsstraße zutrifft. Gibt es Ähnlichkeiten zwischen den Gebäuden? Wie könnten die Vorgaben der Stadt gelautet haben?

>>> UNTERNIMM VIRTUELLE STÄDTEREISEN

Finde ein Haus, das zufällig wie ein gebauter Buchstabe aussieht.

Von jedem Rechner aus kann man Länder und Städte schon seit ein paar Jahren aus der Vogelperspektive betrachten. Im Internet kannst du die Welt jedoch nicht nur von oben anschauen, sondern mit Google Street View sogar virtuell durch die Straßen fremder Städte laufen – einfach so. So funktioniert das: Google Street View zeigt die Straßen aus der Perspektive eines Autofahrers. Dazu haben Kamerawagen Tausende Kilometer abgefahren. Mit einer Kamera mit elf Linsen wurde alle zwei Sekunden ein Bild gemacht. Dabei entstanden Hunderttausende Fotos, die zu einem fotorealistischen Stadtbild zusammengefügt wurden. Das Ergebnis spricht für sich: Mit den echten Straßenszenen kannst du tatsächlich ein bisschen von der besonderen Stimmung spüren, die in einer bestimmten Stadt herrscht. Inzwischen waren die Kamerateams auch in Deutschland unterwegs. Manche finden das gut und spannend, andere befürchten eine Verletzung ihrer Privatsphäre. Möchtest du dir selbst eine Meinung bilden? Dann tipp folgende Adresse in deinen Rechner ein:
>>> *www.maps.google.de/help/maps/streetview*

de.googlesightseeing.com
Lust, ein bisschen durch die Welt zu bummeln? Diese Seite führt dich an die verrücktesten Plätze. Im Bild ist die sogenannte „Spree-Schlange“ aus Berlin zu sehen. Viele weitere gebaute Kuriositäten gibt es unter „Sights nach Kategorie“, anschließend „Gebäude“ anklicken.

www.geogreeting.com
Hier wurden Gebäudefotos gesammelt, die wie Buchstaben aussehen. Tipp auf der Seite eine Nachricht ein, um zu erleben, wie sie aus Buchstaben-Fotos gebaut wird. Du kannst sie sogar an Freunde verschicken.

>>> BLOGGE UND POSTE

Filme deine Lieblingsplätze in der Stadt. Schneide und vertone dein Ergebnis.

Vielleicht hast du schon mal etwas aus dem Internet heruntergeladen. Dabei geht es darum, Daten aus dem Internet auf den eigenen Computer zu bringen. Umgekehrt klappt das natürlich auch. Dazu werden Daten vom eigenen Computer ins Internet übertragen. Genau genommen auf einen im Internet erreichbaren Computer, der Webserver genannt wird. Das kennst du vielleicht auch schon. Zum Beispiel von SchülerVZ. Dieses Portal vernetzt Schülergruppen miteinander. Im Internet gibt es inzwischen Hunderttausende solcher Gruppen, die in der Regel nicht Freundschaft, sondern ein ganz bestimmtes Interesse verbindet. Denn mit den kostenlosen Weblog-Portalen kann jeder eigene Gruppen starten, um Texte, Bilder und Filme zu veröffentlichen. Wenn du ein guter Beobachter und auch noch kreativ bist, kann das Internet für dich eine wahrer Schatz sein, um dich auszutauschen. Beispiele zum Thema Stadt findest du gleich hier:

1 --- *www.stadtsafari.org* Auf dieser Seite ist das Projekt „Stadtsafari 2.0" zu Hause, das Kindern und Jugendlichen hilft, Berlin zu erobern. Die einzelnen Teams bloggen ihre Erfahrungen.

2 --- *www.unortkataster.de* Das Unortkataster ist ein Mitmach-Portal für die Bürger von Köln. Hier können sie die Mängel ihrer Stadt im Stadtplan markieren, damit ihre Ideen von der Stadtplanung berücksichtigt werden.

3 --- *www.einrad.tv/channel/Movies* Hier trifft sich die internationale Gruppe extremer Einradfahrer, um neue Tricks per Video einzustellen. Ein super Beispiel, wie man trotz großer Entfernungen mit Gleichgesinnten in Kontakt bleiben kann.

4 --- *www.flickr.com* Das ist so etwas wie das größte weltweit angelegte Fotoalbum überhaupt. Jeder kann mitmischen und zeigen, was er draufhat.

5 --- *www.youtube.com* „YouTube" bedeutet so viel wie „Du bist Fernsehen", jeder darf zeigen, was er möchte, solange moralisch nichts dagegenspricht.

6 --- *www.vimeo.com* ist ein super Portal für kreative Filmer. Nur eigene Arbeiten dürfen eingestellt werden.

7 --- *www.baukultur-abc.de* Mit Baukultur kann man nicht spielen? Denkste! Einfach mal „Ich will spielen" anklicken.

8 --- *www.youngcitiesnow.de* fragt Jugendliche ab 12 Jahren, was sie für ihre Städte wichtig finden. Online kannst du einen Fragebogen ausfüllen und Fotos hochladen.

9 --- *Mein-eigener-stadtblog* Keine Seite dabei, die dir richtig gut gefällt? Schreib deinen eigenen Blog! Kostenlose Software: >>> *www.blogger.com/www.wordpress-deutschland.org*

stadtsafari 2.0
Team "Toys ohne Limit"
1

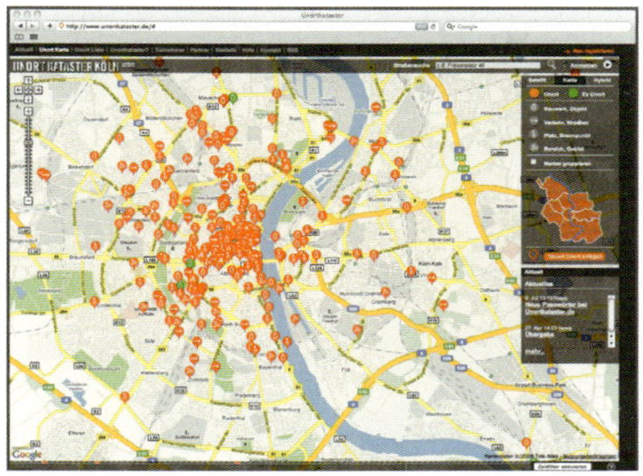
2

unicycle.tv
5 DAYS IN BERLIN
3

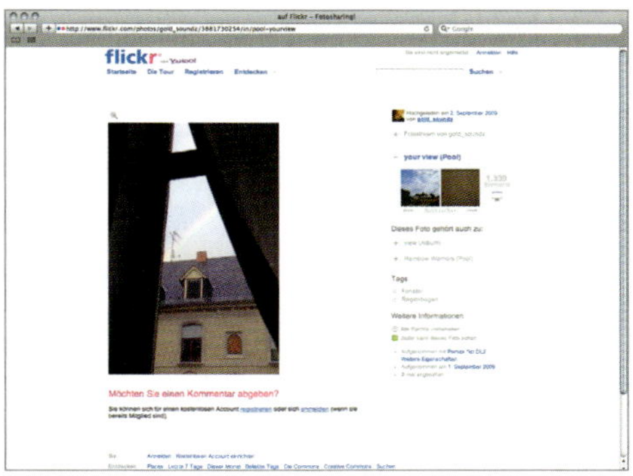
flickr
4

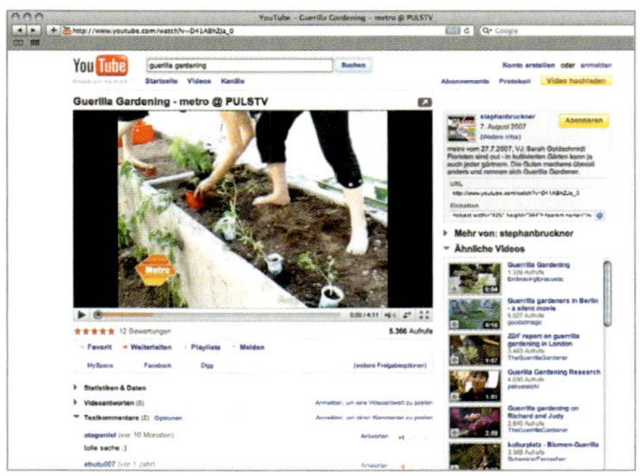
YouTube
Guerilla Gardening - metro @ PULSTV
5

vimeo
Wem gehoert die Stadt?
6

BAUKULTUR ABC // SPIELE
SEHEN LERNEN
ICH WILL SPIELEN
7

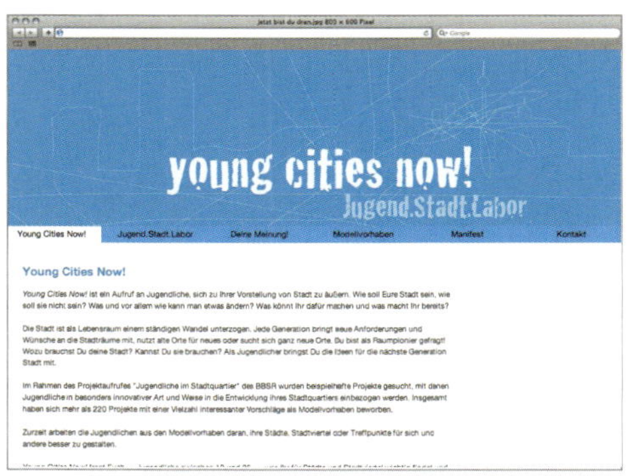
young cities now!
Jugend.Stadt.Labor
Young Cities Now!
8

Dein
eigener Blog
9

Chillen, Auftanken, Freunde treffen:

WAS MACHT eine STADT LEBENS-WERT?

Städte sind wie riesige Maschinen. Beide sind aus vielen kleinen Einzelteilen zusammengesetzt. Und sie stehen zu keinem Zeitpunkt still. Hier ein Blick auf Hamburg.

Wie plant man eine Stadt?

Nichts bleibt, wie es ist. Das gilt auch für Städte. Ständig verändern sie Größe, Struktur und Aussehen.

Stromleitungen, Wasserrohre, Telefonleitungen, Schienennetze, Straßen, Bürgersteige, Radwege ... Städte verfügen über lange und weitverzweigte Wege, um Raum zu schaffen oder Sachen zu transportieren, die wir zum Leben brauchen. Dadurch sind Städte zum Größten und Kompliziertesten geworden, was Menschen jemals gebaut haben. Die Pläne dazu werden von Raumplanern und Stadtplanern entwickelt. Diese haben meistens Architektur oder Raumplanung studiert und gelernt, was Menschen brauchen, um sich in der Stadt wohlzufühlen. Wenn du jetzt denkst: „Das stimmt aber doch gar nicht", da es genügend Orte in deiner Stadt gibt, die dir gar nicht gefallen, hast du trotzdem recht. Eine Stadt ist nämlich nie fertig. Es gibt immer reichlich zu verbessern: Einerseits gehen Dinge kaputt und müssen ersetzt oder repariert werden. Andererseits muss die Stadt mit dem Leben der Menschen Schritt halten. Und das verändert sich ständig.

Die Erfahrung hast du vermutlich sogar schon selbst gemacht: Lange Zeit warst du

1

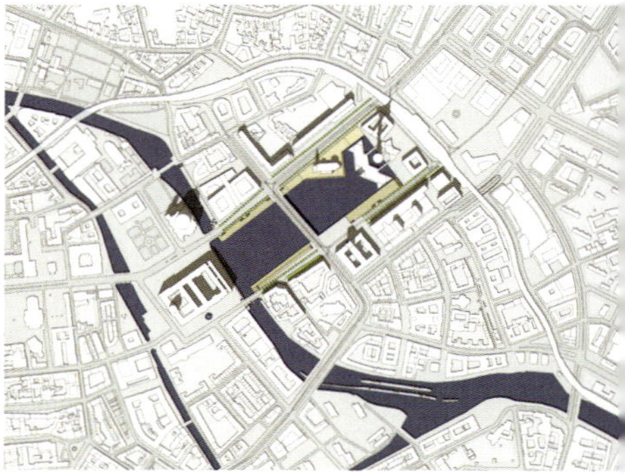

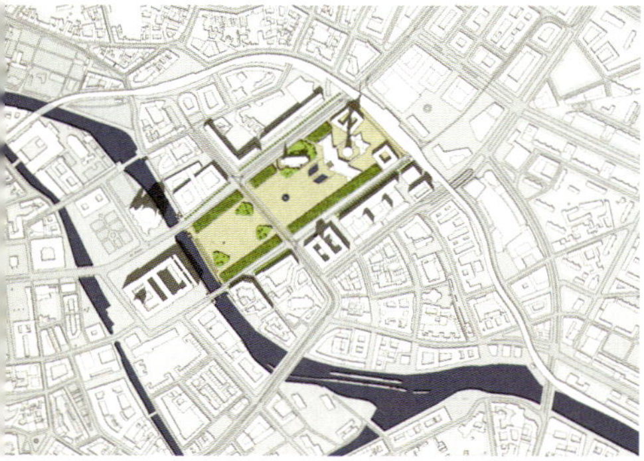

Drei kühne Visionen
für den gleichen Platz:
1 --- Binnensee,
2 --- Promenade,
3 --- Stadtdschungel
Was gefällt dir davon
am besten?

2

3

Wo kannst du in deiner Stadt richtig viel vom Himmel sehen?

Für den Platz vor dem Roten Rathaus in Berlin haben Architekten drei verschiedene Masterpläne entwickelt. Allerdings: Keiner davon sollte je verwirklicht werden. Die Pläne hatten allein den Zweck, mit den Bürgern ins Gespräch zu kommen. Und genau das hat wunderbar geklappt.

mit deinem Zimmer glücklich, und plötzlich scheint es nicht mehr so richtig zu dir zu passen – weil du dich entwickelt hast. Und dann kann es schwierig sein, alle deine Wünsche und Anforderungen, wie schlafen, Hausaufgaben machen, Freunde treffen, auf dem begrenzten Raum unterzubringen. Städte müssen noch viel mehr können: Hier soll gewohnt, gearbeitet, gelernt, eingekauft, transportiert, sich erholt werden. Und hinter jeder dieser Tätigkeiten verbergen sich viele unterschiedliche Vorstellungen und Interessen, die Menschen nun mal haben. Jeder Betrieb, jeder Lernort, jedes Verkehrsmittel braucht einen ganz bestimmten gebauten Rahmen, der aber noch lange nicht jedem Bewohner gefällt. Deshalb sind für den einen die Straßen zu eng, für den anderen zu breit. Die einen fordern mehr Parkplätze, die anderen autofreie Zonen. Die einen wollen, dass alles so bleibt, wie es ist. Die anderen möchten den ganzen Stadtteil sanieren. Was letztlich eines bedeutet: Stadtplaner können es unmöglich allen Leuten recht machen. Das bestmögliche Ergebnis bei einer Stadtplanung ist deshalb immer ein Kompromiss.

Manchmal spinnen auch Stadtplaner ganz schön rum.

Ab und zu geht es um mehr als um die Veränderung von ein oder zwei Straßen. Nämlich dann, wenn ein Viertel, eine Stadt, ein Gebiet von Grund auf neu gedacht werden soll. Das nennt sich dann „einen Masterplan entwerfen". Gemeint ist damit so etwas wie das ganz große Rumspinnen. Ein paar Leute erhalten dann den spannenden Auftrag: „Überlegt euch doch mal, wie ihr dieses Stadtgebiet verbessern würdet." Ihre Ideen halten sie daraufhin in Skizzen, Modellen und Plänen fest. Das Ergebnis wird dann veröffentlicht und tatsächlich ganz oder in Teilen gebaut. Gar nicht so selten landet so ein Plan aber auch komplett in der Schublade. Zum Beispiel, weil er sich nicht mit den Interessen der Wirtschaft oder der Stadtbewohner deckt oder die Umsetzung ganz einfach zu teuer ist.

Was ist schon da? Was wird noch gebraucht?

Wenn allerdings etwas verändert werden soll, müssen die Stadtplaner ein paar wesentliche Fragen beantworten: Was ist überflüssig in diesem Stadtgebiet? Welche Orte werden gar nicht genutzt? Solche Plätze kann man weiterentwickeln und so verändern, dass sie einen neuen Zweck bekommen.

Sobald alle Fragen beantwortet wurden, kann der sogenannte Flächennutzungsplan (FNP) erstellt werden. Auf dem fertigen FNP kann man erkennen, wo sich im Stadtgebiet die verschiedenen Nutzungsflächen befinden: also Wohnbauflächen, Gewerbeflächen, Grünflächen und Verkehrsflächen. Auf dieser

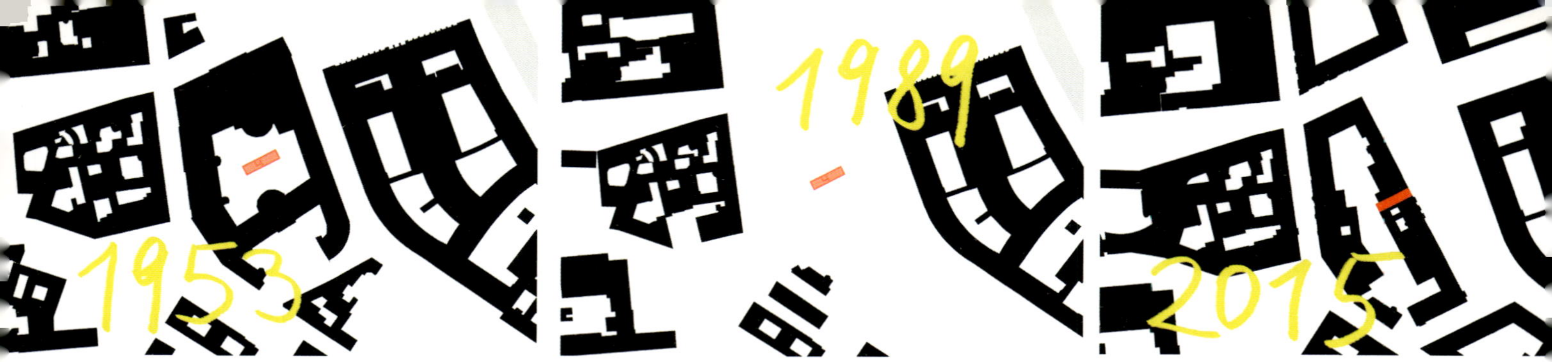

1> Schwarzpläne

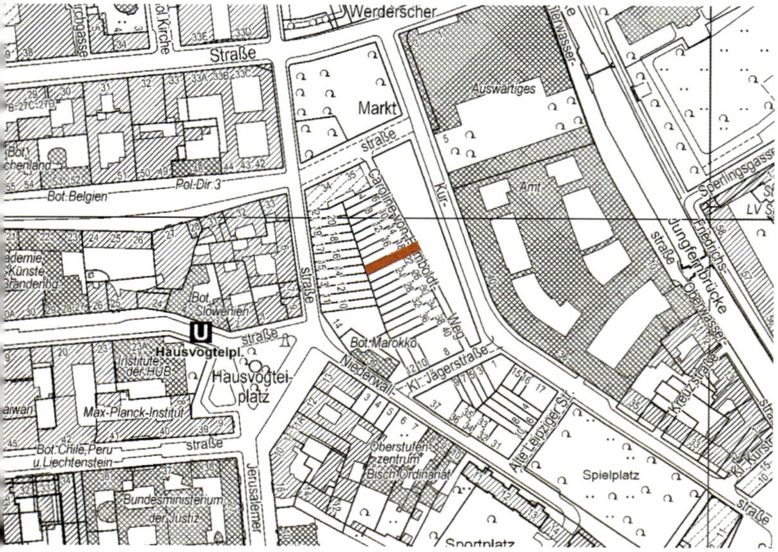

3> Lageplan

Das Stadtmodell von Berlin zeigt anschaulich die Stadtentwicklung seit dem Mauerfall.

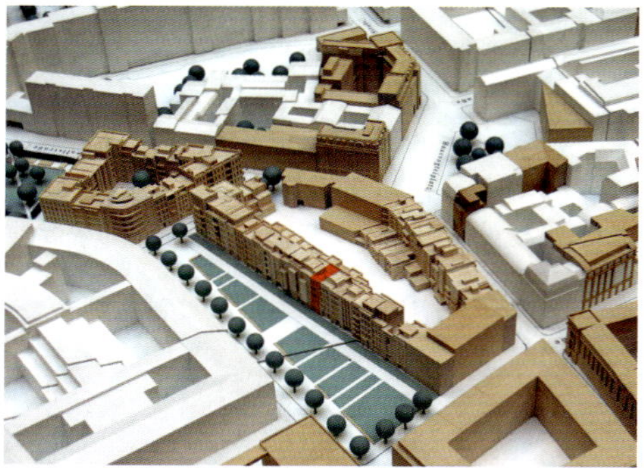

Hausansicht

2> Planwerk 3D

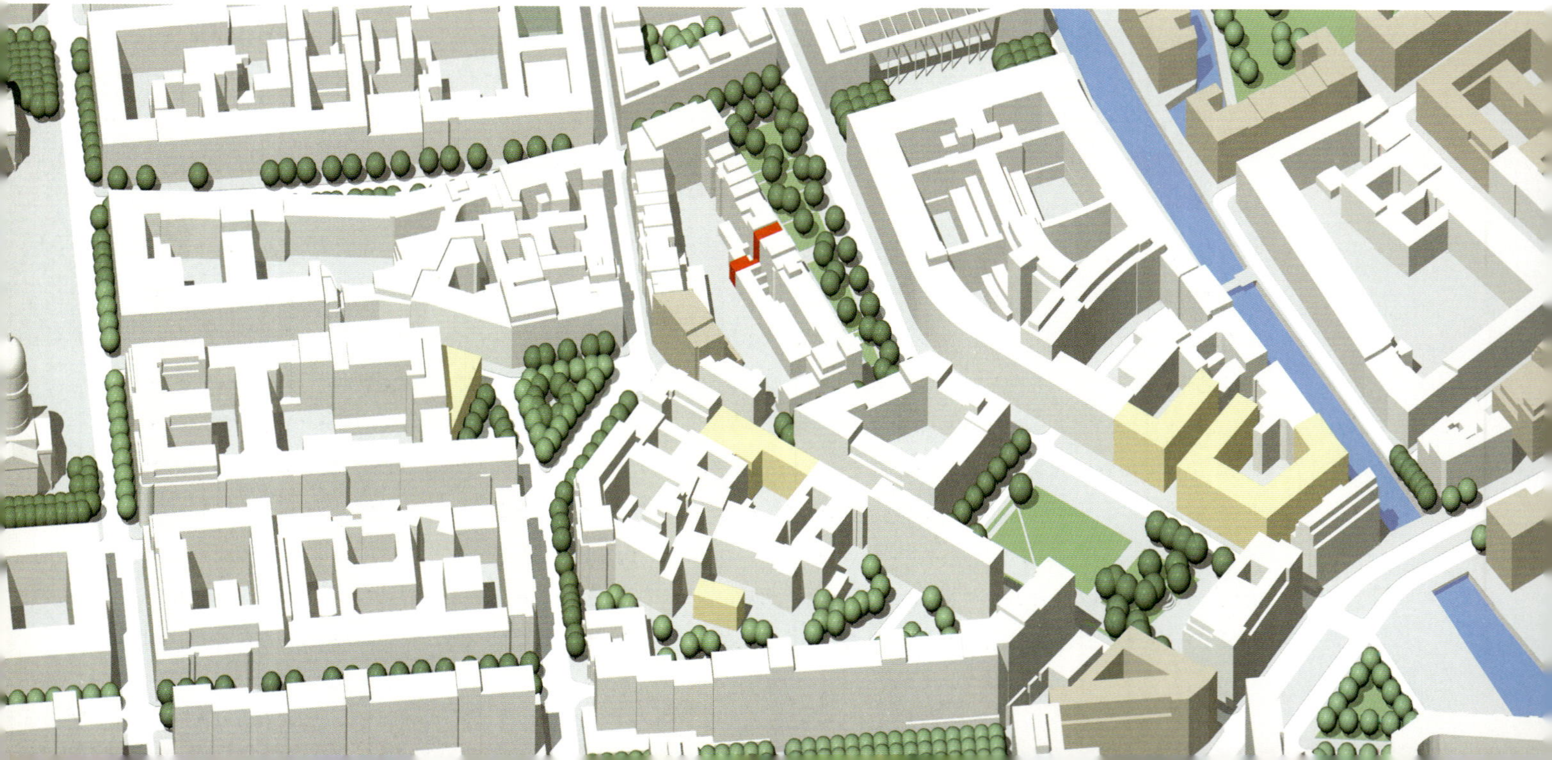

Grundlage wird wiederum ein weiterer Plan entwickelt, der Bebauungsplan, auch B-Plan genannt.

Mit dem B-Plan wird festgelegt, zu welchem Zweck bestimmte Grundstücke genutzt werden dürfen. Das heißt: Welche Gebäude mit welchen Nutzungen sind dort erlaubt? Welche nicht? Dabei werden drei große Nutzungsarten unterschieden: reine Wohngebiete, reine Industrie- und Gewerbegebiete und ein Mix aus beiden. Auf diese Weise wird verhindert, dass sich ein lauter Industriebetrieb mitten in einem Wohngebiet ansiedelt. Anders sieht es aus, wenn es sich bei dem Gewerbebetrieb um einen Supermarkt handelt. Auch der darf sich nicht in einem reinen Wohngebiet niederlassen. Eröffnet er dagegen in einem Mischgebiet, ist das ideal fürs Geschäft - und für die Kunden, die sich über kurze Wege freuen.

Lücken schließen: Bauplanung ganz konkret

Wenn mitten in einem alten Zentrum einer Stadt neue Wohnhäuser entstehen sollen, müssen viele Dinge bedacht werden. Schließlich baut das Neue auf dem auf, was Generationen zuvor geschaffen haben. Es leuchtet ein, dass ganz besondere Bauwerke wie etwa der Kölner Dom geschützt werden sollten. Aber genauso wichtig ist es, auch in Wohn- und Arbeitsgebieten Altes und Neues auf gute Weise miteinander zu verbinden. Damit das klappt, müssen Architekten, Stadtplaner und Denkmalpfleger sehr eng zusammenarbeiten. Eine besondere Herausforderung ergab sich zum Beispiel in Berlin Mitte: Welchen Wandel dieser Stadtteil über Jahrzehnte erlebt hat, ist sehr deutlich auf den Schwarzplänen zu sehen. (Auf Schwarzplänen werden nur die Gebäude schwarz dargestellt, alles andere ist weiß. Das wird so gemacht, weil sich auf diese Weise Baulücken am besten erkennen lassen.) Vor dem Mauerbau standen dort Häuser. Danach wurden sie abgerissen. Nach der Wiedervereinigung wurde dann die Mauer abgerissen. Inzwischen ist die Lücke wieder gefüllt. Weil es aber gar nicht so leicht ist, moderne Gebäude in ein historisches Stadtbild einzufügen, wurde zunächst das sogenannte „Planwerk Innenstadt" angefertigt. Das Planwerk allein reichte aber noch nicht. Vor dem Hausbau wird immer noch ein weiterer Plan benötigt, der Lageplan. Der zeigt das geplante Haus meist maßstabsgerecht mitsamt seiner Umgebung. Das ist wichtig, um beurteilen zu können, wie sich das geplante Haus auf die angrenzenden Grundstücke und deren Bebauung auswirken wird. Im Internet kann man sich die Pläne und Modelle der gesamten historischen Mitte von Berlin anschauen.
>>> *www.stadtentwicklung.berlin.de (erst „Planen", dann „Stadtmodelle" anklicken)*

Große Städte lernen von kleinen Städten

Kleine Orte wirken oft irgendwie besonders freundlich. Woran liegt das? Und wie kann man ihren Charme auf richtig große Städte übertragen?

Wenn die Rede von tollen Städten ist, geht es oft um Metropolen wie London, New York oder Schanghai. Aber wenn Menschen gefragt werden, wo sie sich besonders wohlfühlen, haben Klein- und Mittelstädte die Nase vorn. Das liegt daran, dass sie für Menschen maßgeschneidert sind. Zum Beispiel haben alte Marktplätze meist genau das Format, das zu uns passt. Moderne Plätze sind uns dagegen oft zu groß. Vielleicht denkst du jetzt: Wie kann einem denn ein Platz passen? Tatsächlich ist es mit Bauwerken gar nicht so viel anders als mit unserer Kleidung: Die Größe muss stimmen und sie muss uns vertraut sein, sonst fühlen wir uns unwohl. Das ist sogar wichtiger als die Frage, was besonders schön aussieht. Denn so nett es auch ist, mal ganz besonders schick angezogen zu sein: Das Beste kommt immer danach, wenn man wieder zurück in die vertrauten Alltagsklamotten schlüpft. Dann wird's gleich gemütlich. Aus dem gleichen Grund kann ein kleiner, etwas schäbiger Ort für Menschen

5 Pluspunkte für glückliche Stadtbewohner

Natur
Je grüner die Stadt, umso seltener verlässt man sie. Super für die Umwelt!

Entspannung
Wasser entspannt nicht nur zu Hause in der Badewanne, sondern auch mitten in der Stadt.

Rücksicht
Bitte und Danke sagen, das tut auch im Straßenverkehr gut. Zum Beispiel, wenn die Stärkeren (Autofahrer) den Schwächeren (Fußgänger und Radfahrer) Vorfahrt geben.

Treffpunkt
Das Wesentliche am Leben in der Stadt ist: mit anderen Menschen zusammen zu sein. Perfekt also, wenn es (Spiel-)Räume gibt, die dazu einladen.

Unterhaltung
Beliebte Bänke stehen so, dass man einen guten Blick und auf diese Weise viel zu sehen hat.

anziehender sein als ein großartiger Riesenplatz. Denn wenn er nur cool und fantastisch ist, schaut man ihn sich gern an, aber man bleibt nicht länger als nötig. Wenn wir uns an einem bestimmten Platz länger aufhalten sollen, müssen wir uns dort geborgen fühlen. Das heißt, seine Größe ist einigermaßen überschaubar, und wir können eine Position einnehmen, von der wir möglichst alles überblicken. Ein solcher Platz funktioniert immer gut, das belegen sogar Studien: Die Leute bleiben dort länger, reden und lachen mehr miteinander.

Der Steinzeitmensch in uns mag keine zu großen Gebäude.

Dass wir so empfinden, hat mit unserer Geschichte zu tun. Unser Gehirn hat sich in den letzten 10.000 Jahren nicht verändert. Das bedeutet, dass unsere Sinne noch immer den damaligen Verhältnissen unserer Umwelt angepasst sind. Entsprechend verhalten wir uns, wenn auch meist unbewusst. Wenn wir durch die Straßen laufen, legen wir zum Beispiel selten den Kopf in den Nacken, um ein Hochhaus zu bestaunen.

Stattdessen schauen wir geradeaus, um wahrzunehmen, was unter uns und ein paar Meter oberhalb unserer Augenhöhe passiert. Genau das war nämlich früher auch der beste Blickwinkel, um mögliche Feinde frühzeitig zu erkennen. Denn die konnten von überall her kommen, nur eben nicht von oben. Alles, was mehr als ein paarmal so hoch ist wie wir, haben wir daher nicht automatisch im Blick - und damit auch nicht unter Kontrolle. Aus diesem Grund fühlen wir uns in Straßen mit eher niedrigen Häusern in der Regel wohler als mit sehr hohen.

Unser Gehirn langweilt sich, wenn alles gleich aussieht.

Es gibt noch etwas, was dafür sorgt, dass wir uns an einem Ort besonders wohlfühlen: Abwechslung. Wenn wir zu Fuß unterwegs sind, haben wir nämlich jede Menge Zeit, viele Eindrücke aufzunehmen. Alle unsere Sinne sind schließlich unaufhörlich aktiv und brauchen jede Menge Futter. Und weil wir nonstop hören, riechen und sehen, muss es auch ständig etwas zu hören, zu riechen und zu sehen geben. Etwa alle vier Sekunden braucht unser Gehirn einen neuen Reiz, sonst langweilt es sich. Deshalb gefällt es uns auch nicht, wenn alles gleich aussieht. Haus an Haus immer die gleiche Fassade? Langweilig! Parks mit ordentlich angepflanzten Baumreihen und schnurgeraden Wegen? Langweilig! Stattdessen gefallen uns Wildblumenwiesen, Fachwerkhäuser, Kopfsteinpflaster. Kurz: Dort, wo Ordnung von einer Spur Unordnung aufgemischt wird, da fühlt sich das Herz angesprochen. Achte mal darauf, ob das auch auf dich zutrifft.

An welchem Ort tanke ich auf?

Es gibt ihn, jeder hat ihn (hoffentlich!) – einen Lieblingsplatz. Ob auf der Parkbank oder am See, was macht deinen Platz einzigartig?

„Ich sitze mit meinen Freunden gern auf der Brücke. Von hier aus kann man ganz weit gucken."
Freerk, 11 Jahre

„Hier machen wir immer zehn Minuten Pause auf dem Weg von der Schule nach Hause."
Jan und Max, 10 Jahre

„Im Moment machen wir so oft wie möglich Gummitwist. An unserem Lieblingsspielplatz ist so ein Gitter, da kann man das Gummi festbinden und auch zu zweit spielen."
Tammi, 10 Jahre

„Diese Bank hat nur noch eine Lehne, man kann nicht mehr darauf sitzen. Deshalb ist sie immer frei für mich!“ Marie, 12 Jahre

„Ich finde, ein Lieblingsplatz muss bei jedem Wetter schön sein. Hier am Kanal ist es immer schön.“ Luis, 13 Jahre

„DIE SCHWÄNE Erinnern MICH an DIE MÄRCHEN meiner OMa“

Gülseli, 11 Jahre

„Hier sitze ich gern, weil es im Rücken so schön warm von der Hauswand ist.“ Gabriela, 12 Jahre

Gute Gefühle? Schlechte Gefühle?

Nicht überall in der Stadt fühlt man sich gleichermaßen wohl. Woran liegt das? Ein Tipp vorweg: Es hat nicht immer etwas mit den Gebäuden zu tun.

Die Stadtpsychologin **Cornelia Ehmayer** aus Wien untersucht Städte mit der von ihr entwickelten Methode „Aktivierende Stadtdiagnose".

Warum brauchen Städte eine Psychologin?

Ganz simpel ausgedrückt: Es gibt Städte, die sind nicht mit sich zufrieden und wollen wissen, was sie tun können, damit es besser wird. Das finden wir dann gemeinsam heraus. Es ist ja nie alles schlecht. Oft geht es darum, dass Jugendliche und Kinder zu kurz kommen. Dann heißt es: „Was können wir für sie machen?"

Und wie gehen Sie dann vor? Stellen Sie ein Rezept aus?

Zunächst schaue ich mir an, ob das auch wirklich stimmt, was die Stadt mir erzählt hat. Für mich ist es wichtig, dass ich vor meinem ersten Besuch möglichst wenig über die Stadt weiß. Dann kann ich mich bei der Begegnung ganz auf mein Gefühl verlassen.

Was sagt es Ihnen denn zum Beispiel?

Eigentlich ganz banale Dinge, die jeder empfindet: Die Leute sehen nett aus, mit denen würde ich gern ins Gespräch kommen. Oder auch nicht. Sie reden viel miteinander. Oder nicht. Die Stimmung wirkt leicht oder schwer. Hektisch oder gemütlich. Angespannt oder fröhlich. Anhand dieser Informationen weiß man schon eine Menge.

Dabei geht es doch um die Bewohner und nicht um die Stadt …

Die Menschen sind ihre Stadt. Eine menschenleere Stadt verfällt rasant. Und umgekehrt gilt: Jede Stadt wird von den Menschen geprägt, die darin wohnen. Wie die Leute in einer Stadt miteinander umgehen, finde ich als Psychologin sehr viel wichtiger als die Architektur ihrer Plätze oder Gebäude.

Warum?

Die Netzwerke, die Menschen miteinander verbinden, sind viel tragfähiger als Stahl und Beton. Wenn zum Beispiel eine Katastrophe passiert, nützt mir eine Stadt wenig, die schön aussieht. Dann brauche ich jemanden, der mir in der Not hilft.

Wenn Sie einen ersten Eindruck von den Menschen gewonnen haben: Was machen Sie damit?

Ich rede mit den Leuten. Dann vergleiche ich das, was sie mir erzählen, mit meiner eigenen Wahrnehmung. Manchmal mache ich mit den Bürgern auch Seminare, damit wir gemeinsam Lösungen erarbeiten.

Und das funktioniert?

Na ja. Meistens fragen sich die Bewohner erst einmal nur eines: Was tut meine Stadt für mich? Genauso wichtig ist es aber, sich die Frage andersherum zu stellen: Was kann ich für meine Stadt tun? Schüler können zum Beispiel schon bei den offiziellen Putztagen der Stadt mithelfen. Viele Bürger denken, Ehrenamt, das sei etwas für Rentner. Tatsächlich engagieren sich aber nur diejenigen Senioren, die das schon ihr Leben lang getan haben.

SITZ
platz
BITTE!

WIE KANN ICH STADT VERÄNDERN?

Egal, ob ein Ort wirklich unheimlich oder nur unfreundlich ist: Man meidet ihn. Aber was ist da falsch gelaufen? Wie könnte es besser werden? Und vor allem: WAS KANNST DU SOFORT DAGEGEN TUN?

1--- Was nützt ein schöner Ort, an dem man sich nicht aufhalten kann? Mit einem witzigen, selbst gemalten Plakat (Kopiervorlagen findest du auf den Folgeseiten) machst du darauf aufmerksam.

1

2--- Um hier nicht entlanggehen zu müssen, nimmt man gern einen Umweg in Kauf. Blöd nur, wenn der ausgerechnet über eine gefährliche Kreuzung führt. Was hilft: Fotografieren, das Bild mit einem Brief an den Bürgermeister schicken, um auf das Problem hinzuweisen.

2

3--- Hundehaufen sind echt sch...
Auf der nächsten Seite findest du Kopiervorlagen, um mit Fähnchen dagegen vorzugehen. Nimm am besten knallrotes Papier zum Kopieren, damit sie niemand übersieht! Die Idee stammt übrigens von Cornelia Ehmayer. Das Interview mit der Stadtpsychologin findest du, wenn du eine Seite zurückblätterst.

3

Hier hast du das Zeug zum Stadtverbesserer:

KOPIEREN, AUSSCHNEIDEN, LOSLEGEN!

(Für die Fähnchen brauchst du allerdings noch einige Schaschlikspieße. Das Rezept für den Papierkleber findest du auf Seite 131)

Hier wünsche ich mir:
Hier wünsche ich mir:
SITZPLATZ, bitte!
Was Würdest du hier gerne ändern? Sag deine Meinung:
Hier wünsche ich mir:

Mein Stadtteil sieht anders aus als deiner

Warum ist das so? Und warum entstehen überhaupt die Unterschiede?

Stadtteile unterscheiden sich. Und weil das so ist, gibt es natürlich auch ein eigenes Wort dafür: Segregation.

Es kommt aus dem Lateinischen und bedeutet so viel wie „Entfernung“ oder „Trennung“. Und das beschreibt die Situation ganz treffend. Denn in jeder Stadt leben unterschiedliche soziale Gruppen bemerkenswert ordentlich getrennt voneinander in unterschiedlichen Stadtteilen. In manchen Vierteln leben vorwiegend Familien, in anderen ältere Menschen, in wieder anderen Migranten oder Studenten oder Künstler oder sehr reiche Leute. Diese Menschen prägen wiederum ihren Stadtteil, was dafür sorgt, dass er anders aussieht als andere.

Da muss man sich natürlich fragen: Ist das eigentlich gut so? Die ehrliche Antwort lautet: Jein. Ja, weil es tatsächlich Vorteile haben kann, wenn Menschen mit einem ähnlichen Lebensstil zusammenwohnen. Denn da sie die gleichen Interessen und einen ähnlichen Tagesablauf haben, können sie sich gut unterstützen.

Nein, weil Segregation oft ein Armutsproblem ist. Menschen, die von Arbeitslosigkeit und Armut betroffen sind, leben häufig in Stadtteilen, die auch als benachteiligte Viertel bezeichnet werden. Und wenn es auch noch weniger Ärzte, schlechter ausgestattete Krankenhäuser und Schulen gibt, möchte niemand gern dort wohnen. Die Menschen, die dort leben, tun das also in der Regel nicht freiwillig, sondern weil sie keine Chance haben, eine bessere Wohnung zu bekommen. Das ist natürlich unfair - auch für die Kinder, die dort aufwachsen. Sie müssen nämlich von Anfang an mit schlechten Startbedingungen klarkommen. Leider denken darüber nicht so viele Menschen nach, wie es notwendig wäre, um das zu verändern. Leider, weil die Stadtplanung dieses Problem nicht einfach beheben kann. Damit sich Ungerechtigkeiten auflösen, müssen tatsächlich sehr viele mithelfen. Denn auch wenn es mehr Schulen und Krankenhäuser gibt und Verkehrsanbindungen verbessert werden: Wenn niemand von den Leuten, die nicht arm sind, neben armen Menschen wohnen möchte, vermischt sich immer noch nichts.

Schreibe zwei Listen: Was gefällt dir an deinem Stadtteil? Was gefällt dir nicht?

Patti, 11 Jahre

„Das Schönste an meinem Zimmer ist die Discokugel. Damit sieht es immer aus, als ob die Sonne scheint."

„Im Frühling und im Herbst fliegen die Vögel genau über unser Haus hinweg. Im Frühling macht mich das froh und im Herbst ein bisschen traurig."

„Hochhäuser haben einen Vorteil: Sie kommen mit wenig Platz aus, und damit bleibt viel Natur erhalten."

„Wie viel ist 13 mal 5? Genau: 65 Familien wohnen bei uns in einem Haus."

„Ich liebe Bäume. Und diesen hier ganz besonders. Er kennt alle meine Geheimnisse."

Dem Himmel ganz nah:
12. Stock, Mitte

Hast du einen Lieblingsplatz?

Mit meinen Freundinnen spiele ich oft Olympiade. Ich bin im Turnen ganz gut. Deshalb ist es cool, dass wir eine Teppichstange haben, die man als Reck nutzen kann.

Was ist das Beste an einem Hochhaus?

Wir haben Glück, weil wir ziemlich weit oben wohnen. Ich kann jeden Morgen vom Küchenfenster aus den Sonnenaufgang sehen. Das geht in den unteren Stockwerken nicht. Außerdem ist es in unserer Wohnung immer hell, auch wenn schlechtes Wetter ist.

Was gefällt dir nicht so gut?

Der Eingang und der Flur unten. Da stehen manchmal so viele Fahrräder und Kinderwagen rum, dass ich oft erst mal den Weg frei machen muss, um durchzukommen.

Mitten in der Stadt
Hast du einen Lieblingsplatz?
Ja, es gibt hier so einen kleinen Platz, an dem treffen sich alle. Da muss man sich gar nicht erst verabreden, weil immer jemand da ist, den man kennt. Mit den meisten Freundinnen bin ich sogar schon seit dem Kindergarten zusammen.
Was gefällt dir am Leben in der Stadt?
Vieles. Wir brauchen kein Auto, weil man alles zu Fuß oder mit der Bahn erreichen kann. Ich finde es auch gut, viele verschiedene Sprachen zu hören. Das fehlt mir richtig, wenn ich woanders bin, wo das nicht so ist.
Was gefällt dir nicht so gut?
Dass es hier nirgendwo einen Reitstall gibt. Sonst würde ich nämlich gern reiten lernen.

IRIS, 11 Jahre

„Wir haben keinen Garten. Das finde ich aber nicht schlimm, weil ich im Park alle meine Freundinnen treffe."

„Wenn ich mit der Schule fertig bin, möchte ich richtig in der Stadt wohnen. Hier ist ein bisschen wenig los für Leute in meinem Alter."

Paul, 12 Jahre

„So leer ist der Bahnhof nur sonntags. An Schultagen wird es oft ganz schön eng."

Wohnen auf der grünen Wiese

Hast du einen Lieblingsplatz?

Hinterm Haus treffe ich mich mit meinen Freunden oft zum Grillen. Später spielen wir auf der Straße noch Basketball. Fast vor jedem Haus hängt für uns ein Korb. Das ist cool.

Was gefällt dir hier am Stadtrand?

Man hat viel Platz, und es wohnen lauter Familien mit Kindern in der Gegend. Das ist ganz praktisch, weil die Eltern dadurch Fahrdienste einteilen können. Ab der 5. Klasse müssen wir nämlich mit dem Zug in die Stadt rein fahren.

Was gefällt dir nicht so gut?

Als meine Eltern gebaut haben, war hier noch ein Schäfer mit seinen Schafen unterwegs. Das fand ich schön. Inzwischen muss man ziemlich weit fahren, bis man eine große Wiese sieht.

Zu Fuß, per Auto, Bus oder Rad:

Wie komme ich sicher ans Ziel?

Wie finde ich mich in der Stadt zurecht?

Manchmal ist es gar nicht so einfach, einen bestimmten Punkt im Großstadtdschungel zu finden. So geht's:

Vielleicht kommen dir die drei Tipps weiter unten im Text ein bisschen banal vor. Und falls dem so ist, kannst du bereits etwas, das vielen Kindern und Jugendlichen ganz schön schwerfällt: sich allein in der Stadt zurechtfinden. Das liegt einerseits daran, dass die Sache mit der Orientierung sowieso verflixt kompliziert sein kann. Wenn zusätzlich noch Übung im Straßensuchen fehlt, dann ist es fast schon programmiert, dass man nicht unbedingt dort ankommt, wo man eigentlich hinwollte. Solltest du kein Experte im Stadtplanlesen und Schilderverstehen sein, mach dir nichts daraus. Das muss nämlich nicht so bleiben.

Ein Stadtplan sorgt für den Durchblick.
Bevor du dich auf den Weg machst, schau dir die Strecke auf dem Stadtplan an. Egal, ob gedruckt oder im Internet: Die zweidimensionale Übersicht hilft dir später, in der Wirklichkeit den Überblick zu behalten, weil du die Bilder im Kopf abrufen kannst.

Nummerierungen sind (meistens) logisch.
Stell dir vor, du suchst in einer fremden Schule den Klassenraum mit der Nummer 12. Rechts von dir im Gang siehst du die Nummern 6, 7 und 8. Links von dir die Nummern 1, 2 und 3. Für welche Richtung entscheidest du dich? Klarer Fall, du gehst nach rechts. Und so, wie dir in diesem Fall logisches Denken geholfen hat, nützt es dir auch in der Stadt. Intelligente Orientierungssysteme sind nämlich so gemacht, dass man ihre Logik auf Anhieb versteht.

Besondere Gebäude helfen bei der Orientierung.
Diese Methode ist praktisch, wenn man sich ohne Straßennamen zurechtfinden will oder muss. Angenommen, du möchtest zum ersten Mal eine neue Freundin besuchen. Dann frag sie nach wichtigen Anhaltspunkten. Wenn du etwa weißt, dass du von der Bushaltestelle aus eine Kirchturmspitze sehen kannst und sich das Haus gegenüber dem Eingang der Kirche befindet, wird die Suche leicht. Du steigst aus dem Bus aus und hältst nach der Kirchturmspitze Ausschau. Dann wählst du die Straßen so aus, dass du dich der Kirche näherst. Dort angekommen suchst du nach ihrem Eingang. Jetzt drehst du dich so, dass du die Kirchentür im Rücken hast, und du stehst vor dem gesuchten Haus.

„Ich steige immer schon vor meinen Freundinnen ein und halte die Plätze für sie frei. Das ist ziemlich praktisch für die beiden. Sonst müssten sie meistens stehen, weil man gegen die Größeren keine Chance hat."
Greta, 11 Jahre

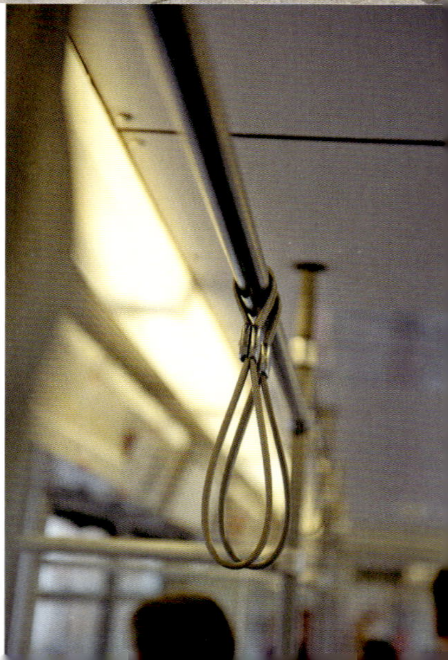

Schieben, schubsen, meckern, motzen

Öffentliche Verkehrsmittel werden von vielen Schülern gar nicht geschätzt. Warum nicht?

Die Antwort heißt: zu eng, zu voll, zu heiß, zu unbequem. Wer im Besitz eines Schülertickets ist, kennt das. Trotzdem kann der öffentliche Nahverkehr in einer Hinsicht richtig auftrumpfen: Kein anderes Verkehrsmittel ist so sicher auf dem Schulweg. Nur vier Prozent der Schulwegunfälle finden in Bus oder Bahn statt. Immerhin passieren mehr als doppelt so viele Unfälle zu Fuß. Viermal so viele mit dem Auto. Und vierzehnmal so viele mit dem Fahrrad.

Dennoch steht für die meisten Schüler aufgrund der miesen Erfahrungen fest, dass sie Bus und Bahn als Erwachsene möglichst selten nutzen werden. Diese Einstellung ist schon deshalb blöd, weil für ein besseres Klima künftig weniger Autos als heute in den Städten unterwegs sein müssten. Aus diesem Grund haben Wissenschaftler erforscht, was Mädchen und Jungen zum Umdenken bewegen könnte. Heraus kam Folgendes:

--- ausreichend Sitzplätze für alle,
--- man kommt unkompliziert überallhin,
--- keine langen Wartezeiten,
--- eigene Fahrbahnen für Busse, um nicht unnötig im Stau stehen zu müssen.

Was meinst du, würdest du unter diesen Umständen deine Meinung über den Nahverkehr ändern?

„Manchmal kommt die Bahn zu spät, dann verpassen wir den Bus und müssen lange warten. Damit uns nicht langweilig ist, haben wir uns ein paar Spiele ausgedacht."
Lea, 9 Jahre

Fahrräder sind die Lösung Nr. 1, wenn sich das Klima in den Städten verbessern soll.

Sicherheit ist wichtig: auf dem Rad und für das Rad. Wer es nicht abschließt, muss bald zu Fuß gehen.

Zugegeben, zu zweit auf dem Rad zu sein macht Spaß. Erlaubt ist es im Straßenverkehr allerdings nicht.

Verkehrsregeln gelten auch für Einradfahrer. Die Wichtigste heißt: Rücksicht auf Fußgänger nehmen!

Einfach losradeln – aber was macht mich sicher?

Unter 15 Jahren ist Radfahren die gefährlichste Art, sich in der Stadt fortzubewegen. Dagegen lässt sich etwas tun:

Weil es hier um Sicherheit geht, gleich eine Frage vorweg: Was fehlt in den Bildern auf diesen Seiten? Genau: Fahrradhelme! 80 Prozent der schweren Kopfverletzungen von Radfahrern könnten durch das Tragen eines Helmes vermieden werden. Trotzdem fällt es großen Kindern und Jugendlichen total schwer, einen Helm aufzusetzen. Das ist tatsächlich ziemlich dumm. Und es wäre klasse, wenn du mit dazu beiträgst, dass Helmtragen bald ganz normal wird. Das passiert nämlich dann, wenn immer mehr Radfahrer einen Helm aufsetzen.

Kannst du dir vorstellen, dass das früher beim Anschnallen im Auto genauso war? Zunächst gab es keine Gurte. Später hat sie kaum einer benutzt. Erst als ein Bußgeld verhängt wurde, begannen alle, sich anzuschnallen. Heute fühlt man sich dagegen komisch, wenn man nicht angeschnallt ist. So etwas muss sich doch mit Fahrradhelmen hinbekommen lassen! Außerdem ein Muss: ein Fahrrad, an dem Licht und Bremsen funktionieren.

>>> Siehe Internet: www.dvr.de/download/das-sichere-fahrrad.pdf

MITSUB
MITSUBISHI MOTORS
EXPO

86 Leute fahren normalerweise in 74 Autos – aber sie passen auch in einen Bus.

Geht es auch (fast) ganz ohne Auto?

Weniger Autos bedeuten sofort weniger Dreck in der Luft – und mehr Ruhe in den Straßen.

Die schlechte Nachricht zuerst: Dass die Erde wärmer wird, hat allein mit uns Menschen zu tun. Und auch damit, dass wir so viel Auto fahren. Durchschnittlich belastet jeder Einwohner in Deutschland das Klima jährlich mit fast elf Tonnen CO_2 (Kohlendioxid) – davon stammen etwa zwei Tonnen aus dem sogenannten Bereich Mobilität. Dieses Gas hat einen ähnlichen Effekt wie ein Glashaus. Darunter wird die Erde immer wärmer. Jetzt kommt die gute Nachricht: Gerade beim Autofahren haben wir es in der Hand, CO_2 einzusparen. Wenn man zum Beispiel täglich fünf Kilometer mit dem Rad statt mit dem Auto fährt, spart man im Jahr 400 Kilogramm schädlicher Gase ein. Und mehr noch: Man sorgt nicht nur für sauberere Luft. Es wird auch ein bisschen ruhiger in den Straßen. Und das ist genauso wichtig für die Gesundheit. Sprich doch einmal mit deinen Eltern übers Autofahren: Auf welchen kurzen Wegen könnt ihr das Auto stehen lassen? Was lässt sich zu Fuß oder mit dem Rad erledigen?

>>> Siehe Stadt- Abc >Emissionen >Lärmverschmutzung >ökologischer Fußabdruck
>>> Siehe Internet: www.autofreie-stadt.de

SEGOR

Wem gehören die Straßen?

Dem Fußgänger? Dem Radfahrer? Dem Autofahrer? Das ist die entscheidende Frage, die sich ein Straßenplaner zunächst einmal stellen muss.

Mike Pannek leitet die Straßenplanung der Stadt Essen. Dort sitzt er immer zwischen den Stühlen: Fußgänger wollen nämlich etwas anderes als Radfahrer. Und Autofahrer wieder etwas anderes.

Wie plant man den Verkehr?
Zunächst einmal behalten wir das große Ganze im Auge. Etwa: Wo brauchen wir vielleicht noch eine neue Straße? Oder: Sollte eine Umgehungsstraße um einen Ortsteil herumführen?
Angenommen, es wird tatsächlich eine neue Straße gebraucht. Wie geht es weiter?
Dann kommt die Straßenplanung ins Spiel. Hier wird ganz konkret darüber nachgedacht, wie man die Straße bauen will und welchen Zweck sie erfüllen soll. Geht es um eine Hauptverkehrsstraße, die dafür sorgt, dass man reibungslos durch die Stadt kommt? Oder um eine Erschließungsstraße, die an neue Grundstücke heranführen soll?
Und dann?
Danach werden alle notwendigen Entscheidungen gefällt: Wie breit wird die Straße? Wie sieht sie genau aus? Wie viele Kreuzungen werden gebraucht? Kommt da eine Ampel hin? Oder besser ein Kreisverkehr?
Worauf müssen Sie sonst noch achten?
Auf die Bedürfnisse der Menschen. Das macht's dann kompliziert, weil wir so viele unterschiedliche Interessen berücksichtigen müssen, die leider oft gar nicht zusammenpassen. Eines ist eigentlich immer von Anfang an klar: Wir können nicht jeden mit unserem Entwurf rundum glücklich machen. Deshalb suchen wir nach einem fairen Kompromiss für alle.
Wie sehen denn typische Wünsche der Stadtbewohner aus?
Nehmen wir mal die Radwege. Unsichere Radfahrer möchten sie am liebsten überall haben. Vielfahrer wollen lieber auf die Straße, weil sie dort schneller sind. Und von der Sicherheit her gesehen, ist das auch gar nicht verkehrt. Auf der Straße sind sie aktive Verkehrsteilnehmer, die ernst genommen werden und selbst aufmerksam sein müssen.
Und wofür entscheiden Sie sich dann?
Das hängt von der Straße ab und davon welcher Typ Radfahrer sie besonders oft nutzt. Das gilt auch für Bürgersteige und Straßen. Breite Gehwege kommen meistens gut an. Die Geschäftsleute wollen, dass man vor ihren Schaufenstern stehen bleiben kann. Fußgänger wollen bequem aneinander vorbeikommen, auch wenn sie rechts und links Einkaufstaschen tragen. Das heißt aber vielleicht, dass wir die Straße dann nicht so breit anlegen können.
Angenommen, die Straße ist nun wirklich fertig. Ist damit Ihr Job erledigt?
Nein. Straßenbau steht für den ganzen Lebenszyklus einer Straße. Rund 20 Jahre lang muss sie in Ordnung gehalten werden. Danach wird das ganze Zeug rausgeholt, und es geht wieder von vorne los.

Carina
12 Jahre

„Ich habe eine Art Landkarte im Kopf."

Wie findest du dich zurecht?

Ehrlich gesagt, gar nicht, wenn ich mich nicht genau auskenne. Ich muss jeden Weg erst auswendig lernen, damit ich da ankomme, wo ich hinwill. Ich wohne in einem Internat für Blinde und Sehbehinderte. Hier gibt es für unsere Sicherheit extra kleine Hügel im Boden oder das Straßenpflaster ändert sich, das fühle ich mit den Füßen. So weiß ich zum Beispiel: Jetzt nach links, dann komme ich zu meinem Wohnhaus.

Wie bewegst du dich an Orten, die nicht speziell für deine Bedürfnisse gebaut wurden?

Früher war ich in einer normalen Grundschule. Da hatte ich erst ein Orientierungstraining. Der Trainer hat mir eine Karte von meinem Klassenraum gemacht. Darauf konnte ich fühlen, was sich wo befindet. Deshalb bin ich auch dort gut klargekommen.

Gehst du auch schon mal allein in die Stadt?

Nein. Das dürfte ich, wenn ich ein extra Training dafür machen würde. Aber ich möchte das gar nicht. Ich bin nicht gern an Orten, wo jederzeit etwas umgebaut werden kann. Da könnte ich mich ja verlaufen.

„Beim Getränkeeinschenken habe ich einen Trick: Ich fühle mit dem Finger, wann das Glas voll ist."

„Suchen ist blöd. Wenn etwas runterfällt, würde ich gern mal was sehen. Aber sonst will ich das gar nicht. Was sollte ich denn dann mit meinen Händen machen?"

„Von unserer Stadt gibt es ein Modell aus Bronze. Manchmal wünsche ich mir so etwas als Navi, mit dem ich durch die Stadt laufen könnte. Das wäre ziemlich cool."

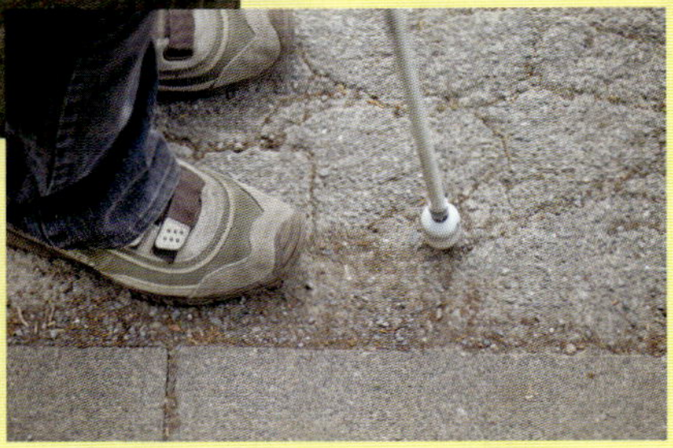

„Meinen Stock nutze ich auch, wenn ich mich gut auskenne. Man weiß ja nie, was im Weg liegt."

„Jeden Weg muss man genau im Kopf behalten. Damit man wieder zurückgehen kann, wenn man sich verlaufen hat."

Pflanzen pflanzen, Klima verbessern, Gemüse ernten:

WIE EROBERT sich NATUR die STADT ZURÜCK?

ES. WIRD IMMER GRÜNER.

1> Ab 1850 wurde Paris grün – und damit zum Vorbild für Europa.

Überall kann der Stadt ein grünes Fell wachsen, auch zwischen den Gleisen.

2> Sommer in der Stadt ohne Park? Bitte nicht! Hier kann nämlich jeder auch ohne eigenen Garten die Sonne genießen.

Zu grün gibt's nicht

Saftiges Grün und saubere Luft sind kaum die ersten Begriffe, die einem zum Thema Stadt einfallen. Noch nicht ...

Nein, früher war nicht alles besser. Im Gegenteil: In den dicht bebauten und total übervölkerten Städten bis Mitte des 19. Jahrhunderts konnte man jederzeit von tödlichen Krankheiten wie Tuberkulose oder Epidemien wie Cholera erwischt werden. Treffen konnte es jeden in der Stadt, nicht nur die Armen und Alten. Damit war es für alle Bewohner lebenswichtig, die Situation zu verändern.

Paris war die erste Stadt, in der die Ärmel hochgekrempelt wurden. Das lag am berüchtigten Baron Georges Eugène Haussmann. Dieser hatte sich schon zuvor als Verwaltungsbeamter unbeliebt gemacht, weil er ausgesprochen brutal regierte. Mit der gleichen Härte machte er sich daran, die ganze Stadt zu modernisieren, um die hygienischen Umstände zu verbessern.

In nicht einmal 20 Jahren schaffte Haussmann es, für ein hochmodernes Wasserleitungssystem zu sorgen. Die gleichzeitig gebauten Abwasserkanäle funktionieren sogar heute noch. Aber das war noch nicht alles: Haussmann ließ Schlossgärten zerschlagen und private Grundstücke enteignen, um an ihrer Stelle öffentliche Parks anzulegen. Gleichzeitig hat er Paris mit einem Spinnennetz von Alleen durchzogen. Die Bäume wurden nicht nur in dichtem Abstand gepflanzt, sondern sogar in Viererreihen.

Aufgrund von Baron Haussmanns Veränderungen verbesserte sich das Leben in Paris schlagartig – nur billig war das Ganze schon damals nicht. Das führte dazu, dass Haussmann 1870 offiziell aufgrund seiner hohen Ausgaben aus seinem Amt entlassen wurde. (Eigentlich steckte ein anderer Grund dahinter: Seine politischen Gegner wollten ihn endlich loswerden.) Haussmann war jedoch in ganz Europa zum Trendsetter geworden. In vielen Städten wurden Alleen und Parks genau so angelegt, wie man sie in Paris gesehen hatte.

Blumenwiese statt Dachziegeln – das sieht nicht nur bunter aus, es tut auch was für ein besseres Klima.

150 Jahre später - und immer noch Probleme

Auch heute läuft nicht alles glatt in den Städten. Und die Probleme sind nicht kleiner geworden, nur anders. Jetzt macht uns das Stadtklima zu schaffen. Klima ist nämlich nicht gleich Klima. Im Stadtinneren regnet es zum Beispiel fünf- bis zehnmal mehr als im Umland. Dafür scheint die Sonne rund 20 Prozent weniger. Nun sollte man denken, dass durch mehr Regen und weniger Sonne in den Städten eine besonders hohe Luftfeuchtigkeit herrscht. Das stimmt aber nicht. In der Innenstadt Berlins wurden an Sonnentagen schon bis zu einem Drittel niedrigere Luftfeuchtigkeiten gemessen als auf dem Land. Selbst in der Nacht wird die Luft nicht viel feuchter. Das führt dazu, dass ihr Kühlungseffekt ausbleibt und die Temperaturen in den Innenstädten nach sommerlicher Sonneneinstrahlung auch nachts nicht richtig sinken. Hitzewellen fühlen sich in der Stadt deshalb meist noch heißer an als auf dem Land.

Das alles liegt vor allem am Asphalt und am Beton. Beides versiegelt den Erdboden und sorgt so dafür, dass das Regenwasser nicht im Boden versickert, sondern über die Kanalisation schnell abgeleitet und gesammelt wird. Damit hat das Wasser aber kaum die Möglichkeit, nach und nach zu verdunsten, wie es bei Wald, Wiese oder Feld der Fall ist. Und genau das macht den Unterschied aus. Der Unterschied, wenn Regen auf Asphalt fällt oder wenn Regen auf Pflanzen fällt, ist enorm. Er ist so groß, dass schon ein einziger Baum das Klima in seiner direkten Umgebung messbar verändert. Der Baum sorgt nicht nur nach einem Regenguss für unsichtbaren Wasserdampf, sondern auch an einem trockenen Sonnentag. Deshalb ist das Klima in der direkten Umgebung seiner Krone sofort angenehmer als an einer Stelle ohne Baum.

Mehr Grün für den Großstadtdschungel

Kein Wunder also, dass Pflanzen auch bei der Verbesserung des Stadtklimas eine wichtige Rolle spielen. Ein Schritt auf dem Weg zur Klimaverbesserung können richtig grüne Städte sein. Das sind Städte, die in weiten Teilen von einer atmenden, feuchtigkeitsspendenden Haut überzogen sind. Das klingt fantastisch, dabei ist die Idee nicht neu.
Die allerersten Behausungen der Menschheit waren zwei Meter tiefe Wohngruben mit Grassodenabdeckung (eine Grassode ist ein ausgestochenes, viereckiges Stück Grasnarbe). Mammutjäger bauten sie vor 30.000 Jahren als winterliche Jagdquartiere in nördlichen Regionen Europas, wo Eiszeitgletscher das Klima stark abgekühlt hatten. Ihre Dächer aus Stangenwerk und Grasbrocken lagen in Höhe des Erdbodens auf. Die Luftpolster im Graspelz wärmten wie ein Bärenfell. Dieses

Grüner geht's nicht: Der Franzose Patrick Blanc hat den Bogen raus, wenn Fassaden bepflanzt werden sollen. Kein Wunder, dass seine Arbeit in immer mehr Großstädten gefragt ist.

Wissen unserer Urahnen wurde vor einiger Zeit wiederentdeckt. Inzwischen haben Experten die fantastische Auswirkung begrünter Häuser auf das Klima bereits erforscht: Ein grünes Fell über den Häusern verringert den CO_2-Ausstoß, weil der für uns schädliche Stoff von den Pflanzen über die Fotosynthese gebunden wird. Auf dem Blattwerk von Bäumen und Pflanzen schlägt sich Feinstaub nieder, den der Regen anschließend in die Kanalisation spült. Gleichzeitig speichern grüne Dächer Regenwasser und lassen es langsam wieder verdunsten. Und: Sie wirken temperaturausgleichend durch Wärmedämmung und dämpfen Lärm.

Das sind lauter gute Argumente. Trotzdem dauert es noch ein bisschen, bis die Städte tatsächlich supergrün werden. Aber es gibt schon viele Leute, die mithelfen. Es wäre großartig, wenn du auch schon bald dazugehörst. Denn je mehr Menschen sich eine total grüne Stadt wünschen und ein bisschen dazu beitragen, dass dieser Gedanke verwirklicht wird, desto schneller springt der Funke auch auf andere über. Und die Chancen stehen gut dafür: Stadtbewohner haben eine große Vorliebe für Grün in unmittelbarer Nähe ihrer Wohnung. Laut Umfragen ist es ihnen wichtiger als ein nahe gelegener Parkplatz.

>>> Siehe Stadt-Abc > Klima > Bodenversiegelung > Entsiegelung > Grünplanung

Die riesigen Blumentöpfe vom „Tower Flower" haben diesen Wohnblock in Paris/ Frankreich berühmt gemacht.

Moosgraffiti pappt man so auf die Wand: Eine Pampe aus Moos, Joghurt und Wasser anrühren und auf eine schattige, feuchte Wand pinseln. Abwarten!

Können sogar Stromkästen grün sein? Und ob! Dieser hier steht in Köln.

Auf den ehemaligen Gleisen einer Hochbahn schlängelt sich jetzt der „Highline Park“ durch New York/USA. Seine Maße: gut zwei Kilometer lang und gerade mal 20 Meter breit. Zwei Anwohner haben 1999 eine Initative zur Rettung des Areals gegründet und dafür gesorgt, dass auf den Gleisen ein öffentlicher Park entstehen konnte.

Mein Park, dein Park, unser Park

Jeden Sommer zieht es Tausende in den Park: Familien, Frisbeespieler, Griller. Und Platz gibt es für alle.

„Nach der Schule treffe ich meine Freunde immer noch im Park. Da quatschen wir dann ein bisschen, bevor wir nach Hause fahren." Jakob, 13 Jahre

„ICH höre gern den VÖGELN und dem WIND in den BLättern ZU." Sonia, 10 Jahre

„Im Park fühle ich mich immer freier als an irgendeinem anderen Ort in der Stadt. Man muss nicht so viel aufpassen. Außer vielleicht auf Hundescheiße." Fiona, 12 Jahre

„Hier im Park habe ich bis jetzt alles gelernt: Roller, Fahrrad und Inliner fahren. Das machen alle Kinder so, weil hier keine Autos fahren." Maurice, 8 Jahre

So sieht Beton
ohne Garten aus ...

... und so
schön ist ein
Beton-Garten.

Hammer, hier wird's gleich grün!

Kleiner Riss ganz groß

Das ideale Werkzeug fürs Gärtnern im Beton? Ein Presslufthammer

Stell dir vor, du ziehst in eine neue Wohnung und deine Vormieter haben den Innenhof betoniert. Und mal angenommen, dass du statt grauen Betons viel lieber einen bunten Garten haben möchtest, aber kaum Geld dafür ausgeben kannst. Was dann?

Vor exakt diesem Problem stehen ganz viele Bewohner von Häusern mit einem Innenhof. Ein paar Blumenkübel aufzustellen funktioniert natürlich immer, aber eine richtig tolle Lösung ist das nicht. Genau das haben wohl auch die Mitarbeiter von CMG Landscape Architecture aus San Francisco gedacht und sich deshalb auf die Suche nach einer guten Idee gemacht. Wie so oft fand sich das Vorbild in der Natur. Und zwar in den Pflanzen, die sich den Raum überall dort nehmen, wo sie ihn kriegen können. Zum Beispiel in den Rissen im Asphalt. Löwenzahn und Co. haben so viel Kraft, dass sie den Straßenasphalt durchbrechen oder Steinplatten anheben können. Direkt an der Blattspitze erzeugen sie einen Druck bis zu dreizehn Bar. Fast unglaublich, wenn man weiß, dass in einem normalen Autoreifen gerade mal ein Druck von zwei bis drei Bar vorhanden ist. Trotzdem würde es Jahrzehnte dauern, bis eine Betonfläche auf natürliche Weise begrünt würde. Also beschlossen die Architekten nachzuhelfen. Mit dem Presslufthammer rückten sie zunächst dem Beton auf die Pelle. Anschließend wurden die Risse mit Erde gefüllt und mit einer bunten Mischung aus Blumen, Kräutern und Gemüse bepflanzt. Die Beete sollten nicht nur schön aussehen, sondern auch gut duften, um Schmetterlinge und Honigbienen anzulocken. Außerdem macht es Spaß, mal eben für den Salat Basilikumblättchen, Schnittlauchhalme oder Petersilie zu zupfen.

Super Sache, fanden seither schon viele Leute, die davon gehört haben. (Deshalb gab's für die Architekten auch schon einen Preis.) Denn obwohl diese Aktion gar nicht viel Zeit und Anstrengung erforderte, machte sie das Leben aller Anwohner schöner. Und die Kosten? Insgesamt wurden für den Garten, den du auf der linken Seite siehst, nicht mehr als 400 Euro ausgegeben. Aus deiner Sicht hört sich das vielleicht nach sehr viel Geld an. Aber frag mal deine Eltern: Im Vergleich zu dem Preis, den ein neuer Garten unter diesen Voraussetzungen kosten würde, ist diese Variante ein Schnäppchen.

Vielleicht kennt ihr sogar betonierte Flächen, die ideal für einen Beton-Garten geeignet wären. Neben dem einen oder anderen Innenhof fallen einem vermutlich gleich die ganzen asphaltierten Pausenhöfe ein. Gerade dort wäre ein solcher Garten ideal: Einerseits bliebe reichlich Spielfläche erhalten, andererseits würde viel Platz für Pflanzen geschaffen.

Links siehst du ein besonders gelungenes Beispiel, wie die Natur kleine Risse im Asphalt begrünt. In Japan wird die Schönheit solcher Stellen so sehr bewundert, dass es sogar einen eigenen Namen dafür gibt: Shibui.

In der Sonne Erdbeeren pflücken, frischen Salat ernten – Landwirtschaft in der Stadt macht's möglich. Ganz ohne eigenen Garten, wie hier in den Prinzessinnengärten in Berlin.

Landwirtschaft in der Stadt

Statt nach Auspuffgasen riecht es mitten in der Stadt nach Gemüse und wilden Kräutern. Wie kann das sein?

Der nächste Satz stammt aus der Stadtforschung, trotzdem klingt er verrückt: Die Städter der Zukunft werden Selbstversorger sein. Tatsächlich steckt aber eine kühle Rechnung dahinter. Landwirtschaft, wie wir sie kennen, nutzt reichlich Kunstdünger, Pflanzenschutzmittel und Unkrautvernichter, und für ihre Herstellung wird jede Menge Erdöl gebraucht. Hinzu kommt die Energie, die für Verarbeitung und Transport aufgebracht werden muss. Plus die rund 2.400 Kilometer Reise, die jede Mahlzeit zum Beispiel in den USA durchschnittlich hinter sich hat, bevor sie auf dem Teller landet. Die Summe des gesamten Energieverbrauchs kann man in Kalorieneinheiten umrechnen. Das ist deshalb so interessant, weil man dadurch die Kalorien der Nahrung mit dem Kalorienverbrauch für ihre Herstellung vergleichen kann. Das Ergebnis sieht so aus: Unglaubliche 186.000 Kalorien werden jeden Tag benötigt, um einen US-Amerikaner satt zu machen – allerdings beinhalten seine Mahlzeiten davon insgesamt nur 2.600 Kalorien. In Europa sehen die Zahlen etwas besser aus, aber auch nicht viel besser.

Vor diesem Hintergrund scheint es eine gute Idee zu sein, die Landwirtschaft in die Stadt zu verlegen. Das würde kurze Wege

In Berlin-Kreuzberg wachsen alte Kartoffelsorten in ausrangierten Reissäcken heran.

In Bäckerkisten sprießen Radieschen, Rüben und essbare Blüten!

So viel Grün finden auch die Bienen gut, deshalb gibt's auch Honig satt.

Ganz oben: Gartenumzug leicht gemacht

bedeuten – und damit eine große Energieersparnis. Aber kann das überhaupt funktionieren? Tatsächlich tut es das schon im Kleinen. In Berlin und München, in New York und London schießen seit einigen Jahren sogenannte Nachbarschaftsgärten aus dem Boden. Dabei werden Obst und Gemüse wie auf einem Bauernhof angebaut und geerntet. Angebaut wird zum Beispiel auf Brachflächen. Weil auf diesen ungenutzten Orten in der Stadt jedoch gebaut werden kann, musste man sich etwas einfallen lassen, wie man den Anbau so anlegt, dass man auch notfalls mit ihm umziehen kann.
Die Lösung heißt Container-Gärtnern. Dabei werden Erde und Pflanzen in Container gesteckt, die sich von einer Brachfläche zur nächsten transportieren lassen.

In Berlin-Kreuzberg gibt es zum Beispiel die Prinzessinnengärten. Dabei geht es auch um die Selbstversorgung in der Stadt. Aber nicht nur. Landwirtschaft in der Stadt trumpft mit vielen Vorteilen auf: Sie schont die Umwelt, macht die Stadt lebenswerter und sorgt dafür, dass man neue Nachbarn kennenlernen kann. Oder wie Robert Shaw und Marco Clausen von den Prinzessinnengärten es ausdrücken: „Warum sollte es nicht einen Ort geben, an dem ein Kreuzberger Jugendlicher und seine Mutter aus der Türkei, eine Professorin, eine junge Familie und ein Biobauer zusammentreffen?" >>>
Siehe Internet > www.prinzessinnengarten.net

Produktive Stadtlandschaft:
Hier sieht man, wie eine „grüne, essbare Stadt" aussehen könnte. So lautete nämlich der Auftrag der englischen Stadt Middlesbrough an die Architekten Bohn und Viljoen. Alle Nutzgärten, Grünflächen und Spielplätze wurden auf dem Plan miteinander vernetzt.

Gärten wie Straßen vernetzen

Was wäre, wenn ... So fangen Spiele an, die kleine Kinder gern spielen. Oder neue Ideen, die Städte grün und lebenswerter machen.

Katrin Bohn ist Architektin. Sie arbeitet zusammen mit dem Architekten André Viljoen. Die beiden planen anstelle von Häusern, wie man Nahrungsmittel direkt in der Stadt anbauen kann. Bohn ist Gastprofessorin an der Technischen Universität Berlin.

Warum interessieren Sie sich als Architektin für die Gärten einer Stadt?

Wenn man sich mal die Energiebilanz einer Familie oder einer Stadt anschaut, wird schnell klar, dass sich beim Hausbau sparen lässt. Und auch im Verkehr. Aber genauso wichtig ist die Nahrungskette. Mein Partner André Viljoen und ich dachten daraufhin: Was wäre, wenn man Obst und Gemüse direkt in der Stadt anbauen würde?

Das war vor über zehn Jahren. Hat man damals über Sie gelacht?

Das nicht. Aber es gibt immer Leute, die nichts verändern möchten. Die sind natürlich skeptisch. Es gibt auch einige, die sagen: Wie sieht das denn aus, wenn ein Traktor mitten durch die Stadt fährt? Aber mir würde das gefallen.

Es gibt schon Landwirtschaft in der Stadt, etwa die Prinzessinnengärten in Berlin. Was kann so ein Projekt aus Ihrer Sicht bewirken?

Die Prinzessinnengärten sind ein wichtiger Baustein. Doch aus Sicht der Stadt sollte es wichtig sein, alle Projekte durch bewusste Planung weiterzuentwickeln. Wenn man alle Kleingärten, Hausgärten, Brachflächen, Bürgergärten vrenetzt, könnte die Stadtplanung nämlich dafür sorgen, dass eine richtige Stadtlandschaft entsteht.

Was bringt das denn?

Es würde was Leckeres produziert, und man müsste die Grünflächen nicht mehr verlassen, um sich zu Fuß oder per Rad durch die Stadt zu bewegen. Straßen gäbe es natürlich weiterhin. Aber man hätte die Wahl, entweder durchs Grüne zu radeln oder mit dem Auto die Straße zu nutzen.

Wenn Ihre Idee in einer Stadt verwirklicht wird, können damit alle Einwohner ernährt werden?

Nein. Bei uns geht es nur um Obst- und Gemüseanbau. Die Getreidefelder brauchen so große Flächen, wie wir sie in der Stadt nicht haben. Das gilt auch für die Haltung von großen Tieren wie Kühen und Schweinen.

Also bringt es gar nicht so viel?

Doch natürlich. Wir haben ausgerechnet, dass man zum Beispiel in London allein auf den vorhandenen Flächen 30 Prozent des benötigten Obstes und Gemüses direkt vor Ort anbauen könnte.

Damit würde immerhin jede dritte Gurke oder Tomate aus London kommen.

Genau. Allerdings geht es uns nicht darum, dass künftig auf jede Apfelsine oder jede Avocado verzichtet werden soll, die man bei uns nicht anbauen kann. Wir brauchen den fairen Handel, die Bauernhöfe, die Dörfer. Aber wir brauchen auch den Anbau in der Stadt, wenn wir auf die Zukunft gut vorbereitet sein wollen.

>>> Siehe Stadt-Abc > ökologischer Fußabdruck > Stadtplanung

Blumenampel mal anders: Aus der bemalten Plastikflasche wächst Möhrengrün.

Platz für ein bisschen Grün gibt es überall. Man braucht nur gute Ideen.

Echte Gartenpiraten pflanzen immer auch Gemüse und Kräuter.

Irgendwann im Leben sollte jeder einen Baum pflanzen. Oder zumindest ein paar Blümchen.

Grün statt Grau

Gegen zu wenig Grün in der Stadt hilft nur eines: Pflanzen pflanzen. Aber ist das auch erlaubt?

Um es gleich vorwegzunehmen: Wildes Gärtnern ist in der Stadt verboten – trotzdem wird es auf der ganzen Welt gemacht. Angefangen hat es vor rund 40 Jahren in New York. 1973 hatte die Künstlerin Liz Christy zufällig entdeckt, wie im Müll Tomatenpflanzen wuchsen, die aus weggeworfenen Tomaten gekeimt waren. Daraufhin begann sie zusammen mit Freunden, überall dort Pflanzensamen auszusäen, wo ihnen ein geeigneter Platz dafür auffiel. Weil sie mit ihrer Mission heimlich unterwegs waren, nannten sie sich „green guerillas", also Grüne Guerillas, weil Guerillas genau das tun: auftauchen, ihre Mission erfüllen und wieder verschwinden. Wenn auch nicht immer in so friedlicher Absicht.

Heute sind die grünen Rebellen weltweit unterwegs. Bewaffnet mit Spaten, Erde und Pflanzen arbeiten sie meist im Schutz der Dunkelheit. Dabei geht es ihnen nicht darum, sich Land anzueignen. Sie wollen städtische Flächen verschönern und für alle Stadtbewohner das Leben verbessern. Über Nacht verwandeln sie öde Blumenkübel oder ungepflegte öffentliche Grünflächen in kleine Oasen. Falls du mitmachen möchtest, bring dich auf die sichere Seite: Sprich unbedingt erst mit deinen Eltern darüber!

Hier haben viele Hände mitgeholfen, einen trostlosen Winkel in einen Garten zu verwandeln – und alle haben etwas davon!

Die Stadt zum Garten machen

Vorsicht! Dieses Interview kann Nebenwirkungen hervorrufen. Zum Beispiel reichlich Dreck unter den Fingernägeln.

Das ist das Wahrzeichen der Garten piraten. Und das links ist kein Gartenzwerg, sondern ein sehr berühmter Gartenpirat: Er heißt **Richard Reynolds**. Hier siehst du, was er aus der Ödnis vor seiner Haustür in London gemacht hat.

Sie sind zurzeit vermutlich der bekannteste Gartenpirat der Welt. Wie kam es dazu?
Als ich anfing, wusste ich überhaupt nicht, dass es bereits eine Bewegung gab, die sich Guerilla Gardening nannte. Ich wollte einfach grünes Zeug anbauen und die Gegend, in der ich wohne, schöner machen.
Warum genügte Ihnen der Balkon denn nicht?
Für echte Gartenarbeit braucht man eine Menge richtiger Erde. Viel mehr, als man auf einem Balkon Platz haben könnte.
Und was ist mit einem Schrebergarten?
Der kommt für mich auch nicht in Frage. In England gibt es sowieso nur wenige davon, und hat man das Glück, einen zu ergattern, muss man erst weit rausfahren. Ich finde es besser, wenn man seinen Garten direkt vor der Haustür hat.
Welche Pflanzen sind ideal für die Stadt?
Je widerstandsfähiger sie sind, desto besser. Eine Guerilla-Pflanze muss einiges aushalten können. Und wenn man sich schon die Mühe macht, sollten die Blumen auch auffallen und möglichst große, leuchtend bunte Blüten haben. Brunnenkresse blüht zum Beispiel gelb, orange oder rot. Sonnenblumen sind sogar noch von der anderen Straßenseite gut zu sehen. Deshalb ist sie unsere Lieblingsblume.
Und welche Stellen eignen sich zum Bepflanzen?
Baumscheiben. So heißt das Stückchen Erde um den Baumstamm herum. Die sind praktisch, weil sie eigentlich vor jedem Haus zu finden sind. Genauso perfekt: vernachlässigte Orte, an denen Unkraut wächst. Daran sieht ein Gärtner, dass die Erde fruchtbar ist.
Steckt auch eine politische Absicht hinter Ihren Aktionen?
Wo wir sind, ist die Stadt oft verwahrlost. Dass damit auch eine politische Aussage verknüpft wird, kann man kaum vermeiden. Aber anstatt uns zu beschweren, tun wir etwas dagegen.
Was hält denn die Polizei von Ihren Aktionen?
Wir machen ganz gute Erfahrungen. Meistens sehen sie zu, ohne einzugreifen. Schwierig kann es aber mit Anwohnern sein, die es lustig finden, alles kaputt zu machen. In meinem Viertel habe ich Glück: Hier freut man sich darüber, wenn es grüner wird.
Wenn ich selbst Gartenpirat werden möchte, wie mache ich das?
Man muss keinem Club beitreten. Jeder kann auf eigene Faust loslegen. Natürlich sollte man Privateigentum respektieren, nichts zerstören und nicht den Verkehr behindern.
Und welche Ausrüstung brauche ich, um loslegen zu können?
Für den Start reicht ein Schraubenzieher, um Löcher für Sonnenblumenkerne in die Erde zu bohren.
>>> Siehe Internet > www.guerillagardening.org

WIE WERDE ICH SELBST EIN GARTENPIRAT?

1--- Hol deine Eltern ins Boot! Damit kannst du Ärger mit ihnen oder sogar der Polizei vermeiden. Haltet gemeinsam Ausschau nach einem verwahrlosten Stückchen Land oder ungenutzten Pflanzkübeln.

2--- Entscheide, was du anpflanzen möchtest: Zähe Gewächse, die einen heftigen Regenguss oder ein bisschen Trockenheit nicht gleich verübeln, sind ideal: Kapuzinerkresse, Efeu und Wilder Wein zum Beispiel.

3--- Denk daran, auch ein bisschen Blumenerde mitzubringen. Und bloß nicht vergessen: NACH DEM EINPFLANZEN GIESSEN!

4--- Es kann sinnvoll sein, dein Gärtchen gegen die Herausforderungen des Stadtlebens mit einem kleinen Zaun aus Stöckchen zu schützen.

5--- Pflege dein Gärtchen mit LIEBE! Geh regelmäßig hin und gieße.

6--- Lass dich nicht entmutigen, wenn mal etwas anders läuft als gewünscht. Sprich lieber mit deinen Nachbarn. Die meisten werden deine Aktion toll finden und dich zumindest zum Weitermachen ermutigen. Manche machen vielleicht sogar gleich mit!

7--- Roll dir ein paar SAMENKUGELN, um auch zwischendurch aktiv werden zu können.

SAMENKUGELN ROLLEN

So geht's: Für ein paar anständige Seed-Bombs (so heißen die Dinger auf Englisch) brauchst du nicht viel: Blumensamen, Erde und etwas Lehm. Aus der Erde und dem Lehm knetest du einen Teig. Wenn er so schön fest ist wie beim Plätzchenbacken, kannst du ihn ausrollen und die Samen darauf verteilen. Drück die Samen fest, dreh den Teiglappen um und bestreu die andere Seite ebenfalls mit Samen. Anschließend musst du nur noch kleine Teigstückchen abreißen und zu Kugeln mit etwa zwei Zentimeter Durchmesser rollen. Steck sie in eine Plastiktüte und wirf sie draußen gezielt dort ab, wo Blumen fehlen. (Links siehst du, was du damit bewirken kannst.)

SAVE
MY FRIENDS!!

Klettern, Skaten, Einrad fahren:

WO ist PLATZ für SPIEL UND SPORT?

Was ist so cool am Spielen in der Stadt?

Eigentlich hat jedes Kind ein Recht auf freien Spielraum. Trotzdem muss man ihn sich manchmal erst erobern. So geht's:

Auch wenn du dich nicht die Bohne für Politik interessierst: Es gibt Rechte, die sollte man trotzdem kennen. Das Recht auf Spielen zum Beispiel. In Artikel 31 der Kinderrechtskonvention der Vereinten Nationen heißt es: „Kinder haben das Recht auf Ruhe und Freizeit, auf Spiel und altersgemäße aktive Erholung sowie auf freie Teilnahme am kulturellen und künstlerischen Leben." Okay, das ist ziemlich umständlich formuliert, aber die Aussage stimmt: Kinder und Jugendliche brauchen Freiräume, um all die Dinge machen zu können, die ihnen wichtig sind. Das gilt gerade auch in der Stadt. Denn dort sind freie Räume noch viel knapper als auf dem Land.

Aber ein Recht zu haben ist nur das eine. Das andere ist, dafür zu sorgen, dass dieses Recht tatsächlich eingelöst wird. Und daran hapert es gar nicht so selten. Tatsache ist nämlich, dass viele Mädchen und Jungen exakt das Gegenteil erleben. Statt viel unverplante Zeit für freie, wilde Abenteuerspiele zu haben, werden ihnen Freizeit und Spielräume regelrecht zubetoniert. Übrig bleiben oft nur kleine Ruheinseln im sonst straff durchorganisierten Tagesablauf. Im Schulbus. Nach dem Unterricht an der Straßenbahnhaltestelle. Nach den Hausaufgaben. Vor dem Fußballtraining. Auf dem Weg zur Nachhilfe.

In den engen Zeiträumen ist es kaum möglich, einem eigenen Gedanken nachzuhängen. Wie soll man es da schaffen, eine originelle Idee zu entwickeln? Gar nicht natürlich. Und dann beschweren sich die Erwachsenen, dass sich Kinder heute keine eigenen Spiele mehr ausdenken können.

Zeit ist also das Erste, was gebraucht wird, um Spaß zu haben. Und wenn du keine hast, musst du sie dir nehmen. Sprich mit deinen Eltern darüber. Macht gemeinsam einen Plan, der sicherstellt, dass darin viele freie, unverplante Zeiträume für dich vorkommen. Stunden, in denen du tun und lassen kannst, was du willst. Das ist der erste Schritt.

Wo sind die anderen?

Für mehr Zeit kannst du also sorgen. Aber es gibt noch ein paar Dinge, die man regeln sollte, wenn es mit dem Draußensein nicht so richtig klappt. Eines der wichtigsten: sich mit Gleichaltrigen verbünden. Das ist auch deshalb so wichtig, weil es heute überhaupt

`Wo ist die Stadt dein Spielplatz? Mach ein Foto.`

Jedes DRITTE
KIND in Deutschland wünscht sich
vor allem eins:
MEHR FREUNDE zum SPIELEN

Wie würde der ideale Treffpunkt mit Freunden aussehen? Zeichne ihn.

nicht mehr selbstverständlich ist, dass Kinder und Jugendliche draußen spielen. Wenn man sich mal die statistischen Zahlen anschaut, ist das auch kein so großes Wunder. In München leben heute zum Beispiel nicht einmal mehr in jedem fünften Haushalt Mädchen und Jungen. Das heißt: In einem Wohnhaus mit zehn Parteien wohnen nur noch ein oder zwei Familien. Eigentlich logisch, dass man auf der Straße kaum jemanden trifft, oder?

Trotzdem gibt es gerade in der Stadt keinen Grund, den Kopf hängen zu lassen. Es gibt schließlich immer noch genug Kinder und Jugendliche, um gemeinsam etwas zu machen. Wenn sich nämlich alle regelmäßig draußen treffen, ist auch heute noch genug auf den Straßen los. Dazu braucht man sich eigentlich nur zu verabreden. Aber genau das ist oft gar nicht so leicht. Manchmal muss man die anderen nämlich ziemlich nerven, bis sie sich endlich vor die Tür bewegen - aber es lohnt sich! Versuch doch mal, so viele Gleichaltrige wie möglich zu mobilisieren. Dann kann das Abenteuer beginnen. Zumindest fast. Denn manchmal müssen noch Eltern davon überzeugt werden, dass es gut ist, wenn Kinder auch in der Stadt draußen spielen.

Mach die Straße zum Spielplatz!

Heute spielen höchstens noch große Kinder und Jugendliche auf der Straße. Und wenn du jetzt denkst, du spielst eigentlich überhaupt nicht mehr, dann beruhigt dich vielleicht, dass damit auch solche Aktionen gemeint sind: mit Skateboards und Inlinern über Gehwege rasen, mit dem Fahrrad Treppenstufen und Bürgersteigkanten nehmen, von hohen Mauern springen.

Tatsächlich wird in der Stadt zumindest von einigen Mädchen und Jungen alles bespielt, was spannend ist. Und das heißt, der Platz muss gefährlich und verboten sein: Leere Häuser, fremde Gärten und Baustellen können zum Beispiel sehr verlockend sein.

Allerdings: Manche Kinder und Erwachsenen finden das zu gefährlich. Und es stimmt ja auch, nichts ist ganz ohne Risiko. Straßenverkehr, Kriminalität und Verletzungsgefahren darf man nicht einfach ignorieren. Trotzdem ist es schade, wenn man sich von diesen Gefahren den Spaß am Spielen auf der Straße ganz und gar verderben lässt. Schließlich kann man einiges tun, um für mehr Sicherheit zu sorgen: zum Beispiel mit den Freunden in einer größeren Gruppe unterwegs zu sein. Und ganz wichtig: immer und überall auf das eigene Gefühl hören. Auch dein Kopf und dein Bauch senden rechtzeitig Warnsignale aus. Achte mal darauf. Gemeinsam ergeben sie ein ganz wunderbares Messinstrument, das dich weitgehend vor Unfällen und unnötigen Risiken schützen kann. Wenn du das beherzigst,

BEIM SPIELEN SIND ANDERE DINGE WICHTIG, als ERWACHSENE GLAUBEN: zum Beispiel dabei GANZ unter SICH SEIN

„Unser Baumhaus ist so gebaut, dass es den Baum nicht verletzt."
Carlotta, 12 Jahre

„Auf dem Weg zur Schule gibt es drei Tischtennisplatten. Deshalb habe ich meinen Schläger und ein paar Bälle immer dabei."
Mario 13 Jahre

kannst du beim Spielen draußen nur gewinnen. Jedes Erlebnis weckt nämlich neue und unerwartete Gefühle, die Lust auf mehr Abenteuer machen. Auf hohe Mauern klettern, Wettrennen austragen, Gummitwist in Hüfthöhe spielen, darum geht's.

Wer in der Stadt aufwächst, kann auch mit ihr spielen.

Schau dich mal in Ruhe in deinen Lieblingsstraßen um. Es gibt jede Menge Dinge in der Stadt, die man nutzen kann: Geländer, Gitter und Zäune, Poller, Grenzmarkierungen - das alles sind gute, stabile Sachen, mit denen du richtig viel anfangen kannst, wenn du sie mal mit anderen Augen betrachtest. Falls du dich jetzt fragst, warum du das tun solltest, ganz einfach: weil es Spaß macht. Und weil du mit jeder schwierigen Sache, die du meisterst, mehr Kraft, mehr Geschicklichkeit, mehr Mut, mehr Selbstvertrauen aufbaust. Und – ganz nebenbei – auch eine enge Beziehung zur Stadt. Schließlich kennt man nur einen erkletterten Baum oder einen heruntergerutschten Abhang richtig gut. Erst eine rasant genommene Treppe oder ein Geländer, über das man immer und immer wieder balanciert ist, brennt sich in die Erinnerung ein. Und was man sich auf diese Weise erobert hat, bekommt eine besondere Bedeutung: Dieser Ort wird zur Heimat. Und jetzt? Nichts wie raus!

LSK REGIS

Schneller! Steiler! Abgefahrener!

In Stuttgart steht der erste Skatepark, der international mithalten kann. Aber eigentlich müsste jede Stadt einen haben.

Früher war **Matthias Bauer** Vizeweltmeister auf dem Skateboard. Jetzt ist er Architekt und baut außer Häusern auch Skateparks.

Dieser Park sieht ganz anders aus als die Rampen für Skater, die man sonst so kennt. Woran liegt das?
Wir haben auf Fertigteile verzichtet. Die Betonflächen wurden in Handarbeit hergestellt. Auf diese Weise kann man jede Rundung und jeden Radius verwirklichen, den man haben möchte. Das macht es natürlich interessant für Skater.
Warum gibt es dann nicht mehr Skateparks dieser Art? Sind sie zu teuer?
Nein, am Geld kann es nicht eigentlich nicht liegen. Fertige Rampen kosten oft erstaunlich viel. Meistens entscheidet man sich aus Unwissenheit dafür und weil sie so schnell aufgebaut sind.
Die Anlage, die Sie gebaut haben, sieht total professionell aus. Kommen darauf überhaupt schon Anfänger klar?
Natürlich! Aber das ist auch so ein Thema: Viele entscheidende Köpfe in den Städten denken: „Das ist ja eine Profianlage, so etwas brauchen wir doch gar nicht." Und: „Unsere Skater sind zufrieden, wenn sie ein bisschen rollen können." Das stimmt natürlich insofern, dass man sich über alles freut, was einem in dieser Hinsicht angeboten wird. Das heißt aber nicht, dass die Leute langfristig Spaß daran haben.
Dieser Park soll sogar gleich mehrere Generationen glücklich machen. Schafft er das?
Letztlich ist ein Skatepark die moderne Form von Spielplatz. Kein Bolzplatz wird so intensiv genutzt. Die unterschiedlichen Elemente ermöglichen es tatsächlich jedem, nach seinen Möglichkeiten zu trainieren und sich stetig zu verbessern. Deshalb ist der Park bei gutem Wetter auch immer ausgelastet.
Der Park liegt mitten in einem Wohngebiet mit hohen Wohnhäusern. Auch das ist ungewöhnlich. Gab es schon Klagen über die Lautstärke?
Nicht mehr als bei jedem Spielplatz. Aber es passiert etwas anderes: Diese Wohngegend war früher recht unbeliebt. Inzwischen sind schon sieben Skater hierhin gezogen, um den Park vor der Tür zu haben. Sogar ein Skaterladen hat aufgemacht. Auch von Eltern bekommen wir viel positives Feedback.
Warum?
Endlich haben ihre Kinder einen Ort, wo sie richtig gern hingehen. Dort treffen sie ihre Freunde, sie trainieren gemeinsam, messen sich. Das ist etwas anderes, als am Bushäuschen abhängen zu müssen. Skaten ist ja auch eine Lebensschule.
Würden Sie nachträglich etwas an der Anlage ändern?
Ich könnte mir das Drumherum noch angenehmer vorstellen. Ein paar Bänke wären nicht schlecht, dafür fehlte jedoch das Geld. So sitzen immer alle auf der Mauer, aber das funktioniert auch. Wer weiß, vielleicht ist gerade das sogar noch cooler.

MINA, 10 Jahre

Nichts tun und reden

„Ich finde es schön, in der Stadt zu wohnen, weil es hier so viele Menschen gibt. Das macht die Chance größer, dass man jemanden trifft, der wirklich zu einem passt. Meine beste Freundin heißt Elena. Ich glaube, wir verstehen uns auch deshalb so gut, weil wir beide nicht immer etwas unternehmen müssen. Meistens reden wir über alles Mögliche. Über die Schule, über komische Jungs, über das, was wir mal werden wollen. Das Beste ist, wenn eine von uns bei der anderen übernachtet. Dann quatschen wir die ganze Nacht lang. Dabei müssen wir nur ziemlich leise sein, weil unsere Eltern das gar nicht verstehen können. Aber was können wir dafür, wenn es so viel zu besprechen gibt?“

„Später will ich etwas tun, um anderen Menschen zu helfen. Ich finde es wichtig, dass es allen gut geht.“

LUDWIG, 13 Jahre

Immer weiterlaufen

„Im Internet habe ich mal einen Film über Parkour gesehen. Das Prinzip ist simpel: Immer nur geradeaus laufen, egal was kommt. Ich mache Breakdance, da hat man automatisch eine gute Balance. Die Grundbewegungen vom Parkour habe ich mir im Internet angeschaut. Daher weiß ich auch, dass man keine spezielle Ausrüstung braucht, aber gute Schuhe. Sie müssen gut sitzen, rutschfest auf Stein und Beton sein und eine stoßdämpfende Sohle haben. Demnächst würde ich gern mal einen Parkour-Workshop mitmachen. Alleine kommt man irgendwann nicht richtig weiter. Außerdem macht es sicher noch mehr Spaß, wenn man mit Freunden unterwegs ist."

„Mit Parkour wird die ganze Stadt zum Spielplatz. Je mehr Mauern und Zäune zu überwinden sind, desto spannender!"

ANNE, 10 Jahre

Sachen machen

„Ich habe nie Langeweile. Vielleicht liegt das daran, dass man so viel zu sehen bekommt, wenn man in der Stadt unterwegs ist. Mir fallen dabei ständig Dinge auf, die man besser machen könnte. Und wenn ich eine Idee habe, dann versuche ich, ein Modell davon zu bauen. Weil ich danach erst weiß, ob das auch wirklich gut ist, was ich mir ausgedacht habe."

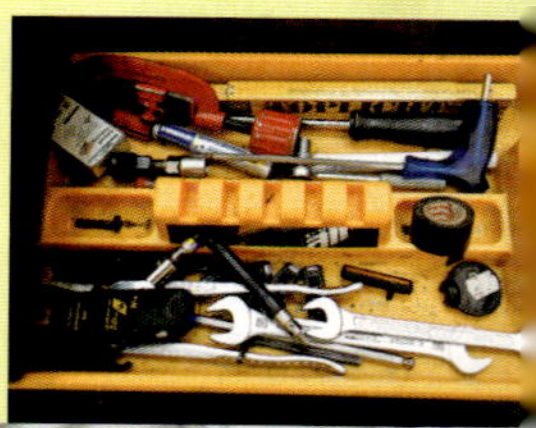

„Später werde ich Architektin. Dann baue ich unterirdische Straßen, damit die Luft oben sauber bleibt."

„Beim Einradfahren gehört es dazu, dass man sich gegenseitig bei den Wettbewerben filmt."

Schwimmen gehen

„Für uns ist der Sommer das Schönste. In unserer Stadt gibt es einen großen Park mit einem See. An einer Stelle gibt es sogar einen richtigen kleinen Sandstrand und einen Kiosk mit Eis und Pommes. Da treffen wir uns nachmittags nach der Schule. Wenn die Sonne scheint, ist das so schön, dass man sogar in den Ferien eigentlich gar nicht in den Urlaub fahren möchte."

MAX, 13 Jahre

Einrad fahren

„Als ich mit dem Einradfahren angefangen habe, gab es Freunde, die darüber gelacht haben. Die meinten: ‚Das ist ja nur was für Mädchen!' Das ist natürlich Quatsch. Ich fahre schließlich nicht einfach nur auf dem Bürgersteig hin und her, sondern mache das als Extremsport. Oft übe ich vier Stunden am Tag. Inzwischen bin ich Deutscher Vizemeister geworden, und meine Freunde wollen das jetzt auch lernen."

SABRINA & MARIE 9 Jahre

„In der Stadt ist es nur schön, wenn es dort auch Natur gibt. Eine Freundin von uns wohnt woanders, da gibt es keinen See. Das findet sie natürlich blöd."

Warum ist Kunst (fast) überall?

TREUE
TIEFE
GÖTTLICH
KLÄRUNG
ÜBERWINDEN
BEISTEHEN
AUSDAUER
VERLASSEN
ENTTÄUSCHUNG
VERZWEIFELT
WEINEN
HASS
RZSCHLUSS
ZWEIFEL
PANIK

Horst Gläsker hat die Holsteiner Treppen in Wuppertal bemalt. Über die Entstehung des Kunstwerks gibt es ein Video im Internet: *www.montag-stiftungen.com/7treppen-glaesker*

„Kunst muss wieder mit unserem Leben zu tun haben", sagt **Olafur Eliasson** und verspiegelt zum Beispiel Fahrräder in Berlin.

Elmgreen & Dragset haben keine Ausbildung als Künstler, sondern nur „blöde Fragen im Kopf" – die sie mit Kunst beantworten. Wie hier in Chicago/USA.

Die Stadt wird zum Museum

Warum steht das Zeug berühmter Künstler eigentlich in der Stadt herum? Gute Frage!

Kunst braucht Raum. Und Künstler brauchen Aufträge. Was liegt also näher, als den öffentlichen Raum in der Stadt und Kunst unter einen Hut zu bringen? Deshalb gibt es Kunst überall: in den städtischen Parks, auf Straßen und Plätzen, für jeden zu erleben. Dazu gehören zum Beispiel die alten Reiterstandbilder und kunstvoll verzierte Brunnen. Aber auch die vielen Arbeiten berühmter Künstler von heute, von denen du einige auf diesen und den nächsten Seiten siehst. Doch anders als in einem Museum muss Kunst in der Stadt so angelegt sein, dass man sie einfach ausblenden kann, wenn man keine Lust darauf hat. Sie soll ihre Bewohner nämlich nicht stören, sondern ein Angebot bleiben. Doch manchmal können die Menschen gar nicht genug davon bekommen, weil ihnen ihre Stadt mit einem Kunstwerk besser gefällt als ohne. Wie bei der bunten Treppe von Horst Gläsker auf der linken Seite. Die Farbe sollte nur eine Zeit lang für eine Ausstellung halten. Aber die Bürger wollten sich nicht mehr davon trennen. Deshalb wurde sie noch einmal gestrichen, dieses Mal auf Dauer.

>>> Siehe Stadt-Abc > öffentlicher Raum

Die Welt steht Kopf

Groß, hoch, breit: Kunst im öffentlichen Raum kennt kaum Grenzen - steht aber oft nur für kurze Zeit.

Die Künstlerin **Maider López** hat einem alten Riesenrad einen neuen Platz verpasst (oben). Das Motto der Ausstellung 2009 in Linz/Österreich: Höhenrausch – passend dazu stand das Riesenrad auf einem Parkdeck. Zur Ausstellung gehörte auch „Private Moon" von **Leonid Tishkov.** Jeder Linzer konnte den Mond drei Tage und Nächte lang ausleihen.

Sommerlounge: Die Künstlerin **Pipilotti Rist** hat 2008 mit dem Architekten **Carlos Martinez** einen Platz in St.Gallen/Schweiz komplett mit rotem Teppich ausgelegt.

Mit vielen Hundert Holzstühlen hat **Doris Salcedo** 2003 zur Expo in Istanbul/Türkei Baulücken gefüllt.

Das sieht nur giftig aus: Die grüne Farbe, die **Olafur Eliasson** zwischen 1998 und 2001 in die Flüsse von mehreren Städten gekippt hat, war ganz harmlos. Stockholm/Schweden.

„Es gibt keine Regel mehr, die sagt, Das ist Kunst und das ist keine Kunst."

Erwin Wurm

In Liverpool/England hat **Richard Wilson** 2007 die Welt auf den Kopf gestellt mit „Turning the world over". Unter *www.youtube.de* den Titel des Kunstwerks eingeben und miträtseln, wie Wilson das gemacht hat.

Carol Hummel will daran erinnern, dass nicht alles so ist, wie es scheint. Zum Beispiel, indem sie in Cleveland Heights, Ohio/USA, Bäumen Pullis häkelt.

Herzensangelegheit: **Brad Downey** lebt damit, dass manche seiner künstlerischen Arbeiten nur ein paar Minuten erhalten bleiben, z.B. in Aberdeen/England.

Von wegen Kinderzimmer: **Jan Vormann** stopft weltweit kaputte Fassaden mit Legosteinen. Hier in New York/USA. Wenn man's nachmacht, freut er sich über Fotos: *www.dispatchwork.info/dispatchers-worldwide*

Die wollen alle nur spielen

Was ist eigentlich Straßenkunst oder Guerilla-Kunst? Und: Wer steckt dahinter?

Legosteinflicken sitzen im Mauerwerk, ein Häkelpulli wärmt einen Baumstamm, ein ausgeschnippeltes Herz legt den Blick auf die Baustelle frei. So sehen Arbeiten einer neuen Generation von Künstlern aus, die sich nicht länger ins Atelier zurückzieht, sondern den öffentlichen Raum zur Spielwiese erklärt. Ihren Ursprung hat die Szene in der Graffiti-Bewegung, aber ihre Mittel sind andere. Egal, ob sie mit Klebepistolen, Schneidbrennern oder bunter Wolle unterwegs sind, das Wichtigste ist immer die Fantasie. Sicher vor ihnen ist wirklich nichts: Aus jeder Bushaltestelle, jeder Sitzbank, jeder Absperrung und jedem Pflasterstein kann möglicherweise ein Kunstwerk gelegt, gebogen, geschnitten werden. Bis vor einigen Jahren war nur eine Handvoll Künstler unterwegs, die es vorzogen, anonym zu bleiben. Heute sind es viele, darunter viele Stars, die sich ihren festen Platz in der Kunstwelt gesichert haben. Kein Wunder: Ihre Arbeiten werten Häuser und ganze Stadtteile auf. Denn wo sie wohnen und arbeiten, da ist es kreativ und cool, und genau deshalb wollen dort auch viele Nichtkünstler leben.

Kunst oder doch nur Kinderkram?

Über Straßenkunst kann man oft lachen. Gefällt dir das?

Auf und zu: Das Klebeband, das wie ein riesiger Reißverschluss aussieht, hat sich **Benoit Lemoine** aus Brüssel/Belgien ausgedacht.

„MANCHMAL vertreiben sie mich, MANCHMAL VERHAFTEN sie mich, UND MANCHMAL sagen sie nur: MACH DANACH ABER ALLES WIEDER SAUBER."

Brad Downey

Hallo, jemand zu Hause? **Brad Downey** stoppt die Zeit, wie lange seine Kunstwerke erhalten bleiben. Die Telefonhäuschen-Skulptur in Paris/Frankreich hat es immerhin auf drei Stunden gebracht.

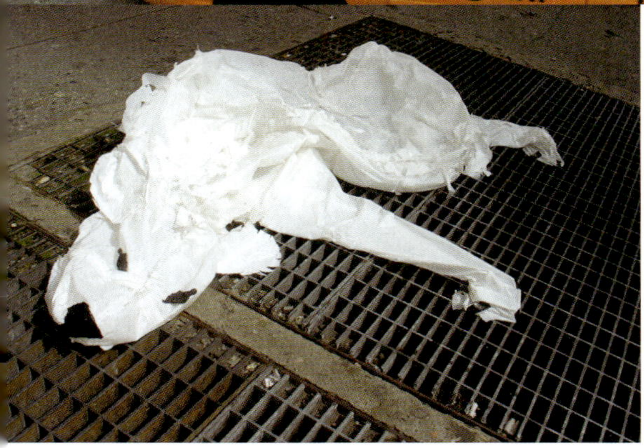

Die Skulpturen in New York/USA von **Joshua Allen Harris** haben es in sich: Sie richten sich auf, wenn der Luftstrom aus der U-Bahn durch die Gitter gepustet wird. Anschließend fallen sie wieder in sich zusammen – und warten auf die nächste Bahn. Angucken? Suche im Internet nach „Joshua Allen Harris". Einfach in die Suchleiste eingeben und staunen.

Fassaden als Leinwände

Es gibt heute ganz verschiedene Graffiti-Techniken, hier ist ein kleiner Überblick:

Das Künstlerduo **Various & Gould** kommen aus Berlin und klebt Collagen. Dieses Bild gehört zur Serie „Robotniki“, das heißt „der Arbeiter“ auf Russisch.

Escif ist ein Graffiti-Meister aus Valencia in Spanien. Er mischt klassische Mal- und Zeichentechniken mit Graffiti.

Stadtglück über Nacht: Eine Künstlergruppe hat in Kassel 283 große Kleeblätter an die Betonwand einer der am meisten befahrenen Straßen gesprüht. Ihre Technik: Sie säubern die dreckige Wand nur teilweise mit Hochdruckreinigern.

Die Gemälde des Italiener **Blu** sind oft 20 Meter hoch, wie hier in Berlin. Videos von ihm gibt es unter *www.youtube.de*: „Combo + Blu + David Ellis".

Banksy kommt aus England und ist ein Superstar in der Straßenkunst-Szene. Berühmt wurde er durch seine Schablonen-Graffiti: Erst stellt er Schablonen her, anschließend besprüht er sie.

Willkommen in der Traumwelt von **Claudio Ethos.** Der Brasilianer aus São Paulo malt und klebt seine riesigen Bilder an Hauswände.

MICA
RUBEN
SARA
ITALY
I MAKE HER FEEL LIKE I CAN
AJAX A'DAM
2002
BONO
Ilonka Chris Mark Helga 5.6.03
LAURA WAS HERE
Andrea
AJAX A'DAM HOLLAND
CAN I GIVE YOU MY SIGN?

Es geht darum, Spuren zu hinterlassen

Höhlenmalereien sind vermutlich die ältesten Graffiti. Aber warum ist es immer noch faszinierend, Wände zu bemalen?

Barbara Uduwerella, genannt „Udu", ist Sozialpädagogin und Graffiti-Expertin. Aber vor allem Kumpel und Ersatzmutter für viele Jugendliche in Hamburg.

Was genau ist eigentlich Graffiti?
Damit ist alles gemeint, was an Wände gemalt oder eingeritzt wird. Also auch die Kritzeleien mit Marker oder Kuli auf öffentlichen WCs. Oder das, was mit Kreide oder Steinen an Häuserwände oder auf Gehwegplatten gemalt wird.
So gesehen hat fast jeder schon einmal ein Graffito gemacht. Warum macht man das?
Es geht darum, Spuren zu hinterlassen. Zu zeigen: „Es gibt mich!" Früher war das selbstverständlich. Man setzte überall seine Zeichen und schnitzte zum Beispiel Kerben in den Türrahmen, um das Großwerden der Kinder zu zeigen.
In Mietwohnungen ist das schlecht möglich.
Leider. Dieser Verlust ist nämlich nur scheinbar eine Kleinigkeit. In Wahrheit erzählt jede Kerbe davon, dass man eine Geschichte an einem bestimmten Platz hat. Ein Kind, das heute in der Großstadt aufwächst, hat aber oft nur eine Chance, Abdrücke von sich selbst zu sehen: seine Fußtritte, wenn die Straßen verschneit sind. Das reicht nicht jedem.
Und dann nimmt man sich einfach Flächen und sprüht sein Zeichen darauf?
Zum Beispiel. Ein Tag, also das persönliche Namenskürzel, ist eine wichtige Sache für seinen Besitzer. Erst muss ein Name gefunden werden, von dem man hofft, dass er einzigartig ist. Dann gibt man ihm ein bestimmtes Aussehen, das wieder ganz speziell sein soll. Auf diese Weise macht man sich selbst zu einer Art Marke.
Und dann versucht man, die Marke bekannt zu machen?
Genau. Das eigene Tag zu sprühen ist nichts anderes, als Werbung für sich selbstzumachen. Die eigenen Wege zu markieren und anderen dadurch mitzuteilen: „Ich war hier!"
Viele Graffiti erzeugen gleichzeitig den Eindruck, dass da etwas zerstört werden sollte. Woher kommt die Wut?
Ich denke, es liegt daran, dass wir Kindern und Jugendlichen zu wenig Platz einräumen. Schlimmer noch: Sie stören uns. Wir bauen Lärmschutzwände um Kindergärten, finden uns aber mit dem Straßenlärm ab. Wie muss man das als Kind verstehen? Man fühlt sich nicht erwünscht, also macht man auf sich aufmerksam. Wenn nötig, mit Mitteln, die anderen nicht gefallen.
Finden Sie, dass man das Graffiti-Sprühen deshalb auch nicht bestrafen sollte?
Nein. Wenn man etwas beschädigt, muss man es wieder in Ordnung bringen. Aber ich bin gegen die überzogenen Geldstrafen, die nicht den Kosten der Reinigung entsprechen. Die machen mich so wütend, weil sie die Zukunft der Jugendlichen zerstören.
>>> Siehe Internet >www.hiphophamburg.org

WIE MACHE ich KUNST FÜR die STADT?

Es gibt langweilige Straßen, langweilige Plätze, langweilige Hinterhöfe. Orte, die man gleich wieder vergisst, nachdem man sie verlassen hat. Und dann gibt es auch solche, die einen zum Lächeln bringen. Zum Beispiel mit einer schielenden Mülltonne!

SCHENK DEINER STADT EIN GESICHT: Such dir einen Gegenstand, den ein paar Augen lebendig werden lassen können. (Kopiervorlagen findest du auf Seite 134. Das Rezept für den Papierkleber steht weiter unten.) Die Augen gucken übrigens besonders intensiv, wenn du sie mit Filzstiften oder Textmarkern bunt anmalst.

So gehst du vor: Wenn du es wie die echten Kunstpiraten machen willst, arbeitest du und verschwindest wieder, bevor jemand mitbekommt, was du verändert hast. Auf der ganz sicheren Seite bist du, wenn du euren eigenen Hinterhof zum Kunstraum erklärst. Aber auch dort gilt: Finger weg von Sprühdosen! Umweltfreundlich sind selbst gemachte Kopien, die du mit abwaschbarem Kleber anbringst (siehe das Rezept unten).

PAPIERKLEBER SELBST GEMACHT

Das brauchst du: Eine kleine Schüssel, einen Schneebesen, eine Tasse Mehl, kaltes Wasser, einen Esslöffel

So geht's: Mehl in die Schüssel schütten, mit dem Esslöffel etwas kaltes Wasser dazu geben, alles gut mit dem Schneebesen verrühren. So immer weitermachen, bis ein glatter, klebriger Brei entsteht.

NOCH MEHR KUNST, DIE AUS DEM RAHMEN FÄLLT

ÖFFENTLICH, ABER TROTZDEM ERLAUBT:

Die Stadt verschönern ist das eine. Das andere: sichergehen, dass man nichts Verbotenes tut. Wenn du dich mit den Eigentümern der Grundstücke absprichst, kann dir nichts passieren – außer, dass du viele Menschen mit deiner Kunst erfreust. Finde zum Beispiel schöne Details und kleb einen Rahmen darum, um auf dein Fundstück aufmerksam zu machen.

VERSCHÖNERE EINEN PLATZ:

Mit einer Plastikgirlande kannst du zum Beispiel ein Herz, einen Stern oder ein Wort in die Maschen eines Drahtzauns flechten. Beobachte, wie andere Leute darauf reagieren. Nehmen sie es wahr? Bringt es sie zum Lächeln? Machen sie es kaputt?

PS: Mach dir nichts draus, wenn es nicht lange hält. Als Kunstpirat muss man loslassen können, weil einem das Werk nur so lange gehört, wie man es macht.

Mehr Ideen, die andere zum Lächeln bringen:

--- Falte Origami-Figuren und suche ihnen einen Platz auf einer Parkbank.

--- Häkle lange Luftmaschengirlanden und dekoriere einen Baum damit.

--- Lege einen Zettel mit einer freundlichen Botschaft in ein Buch aus der Bücherei. Zum Beispiel: „Heute ist dein Glückstag!“

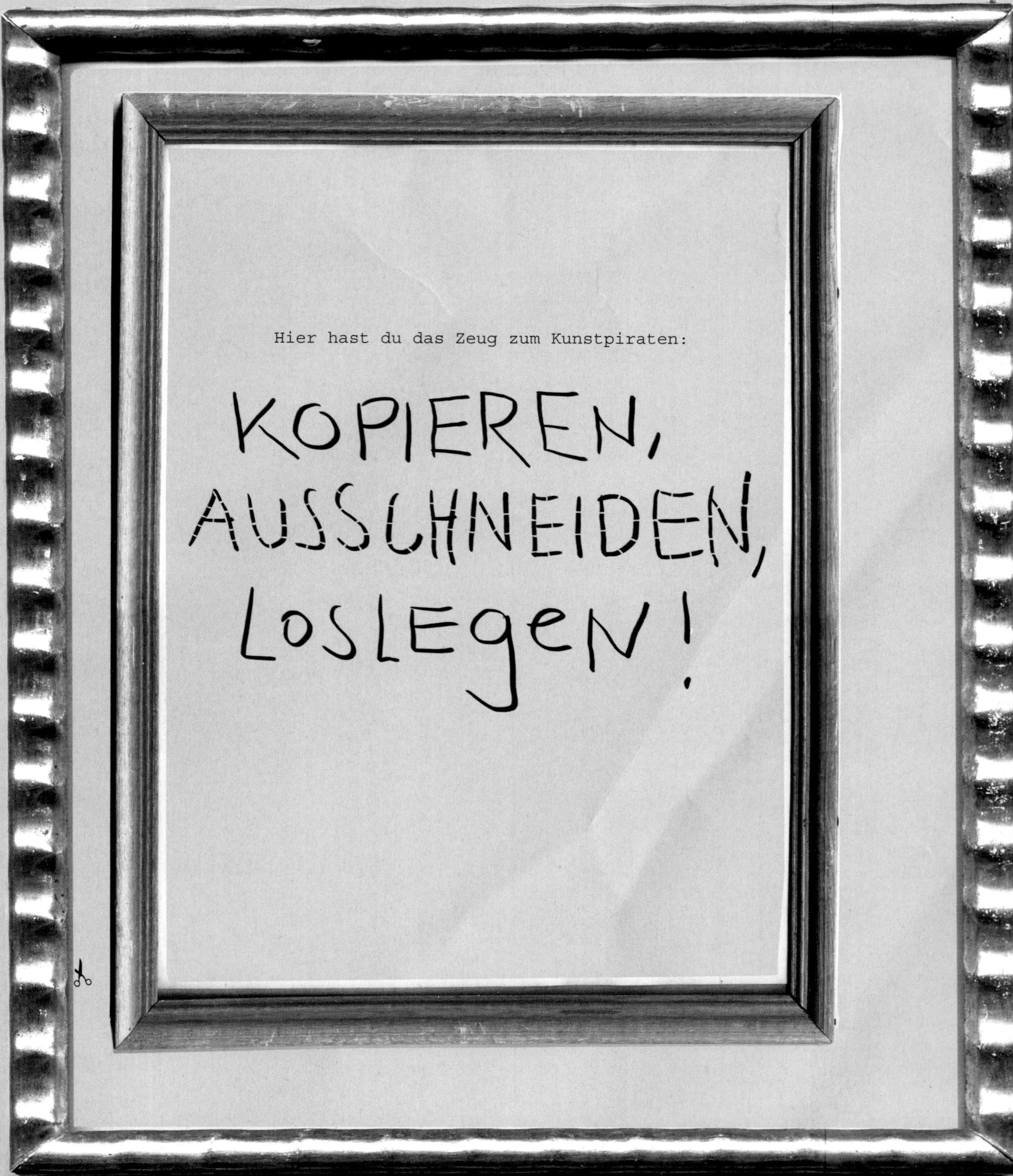
Hier hast du das Zeug zum Kunstpiraten:
KOPIEREN,
AUSSCHNEIDEN,
LOSLEGEN!

„Nachts fotografiere ich oft mit meinem Handy. Ich find's schön, wenn man nur bunte Lichter sieht."

„Wenn ich abends aus dem Fenster gucke, sehe ich lauter erleuchtete Fenster. Überall flackert das Licht. Das sind die Fernseher."

Luka, 13 Jahre

„Abends ist die Stadt schöner als tagsüber. Man sieht die kaputten Ecken nicht so."

Die Lichter der Stadt fotografieren

Was machst du, wenn es dunkel wird?

Ich bleibe so lang wie möglich draußen, um zu fotografieren. Ich mag es, wenn die Straßenlaternen an sind. Das macht oft eine schöne Stimmung, auch in mir.

Ist es nicht besonders schwierig, ausgerechnet in der Dunkelheit zu fotografieren?

Eigentlich nicht. Mir ist es aber auch nicht wichtig, dass alles gut auf meinen Bildern zu sehen ist. Ich mag auch Fotos, wo alles verschwommen und unscharf ist, wie bei einem abstrakten Gemälde.

Wie bist du darauf gekommen, in der Stadt zu fotografieren?

Mein Handy hat eine Kamera. So fing es an. Erst habe ich vor allem meine Freunde fotografiert. Aber das wurde irgendwann langweilig, seither fotografiere ich die Stadt.

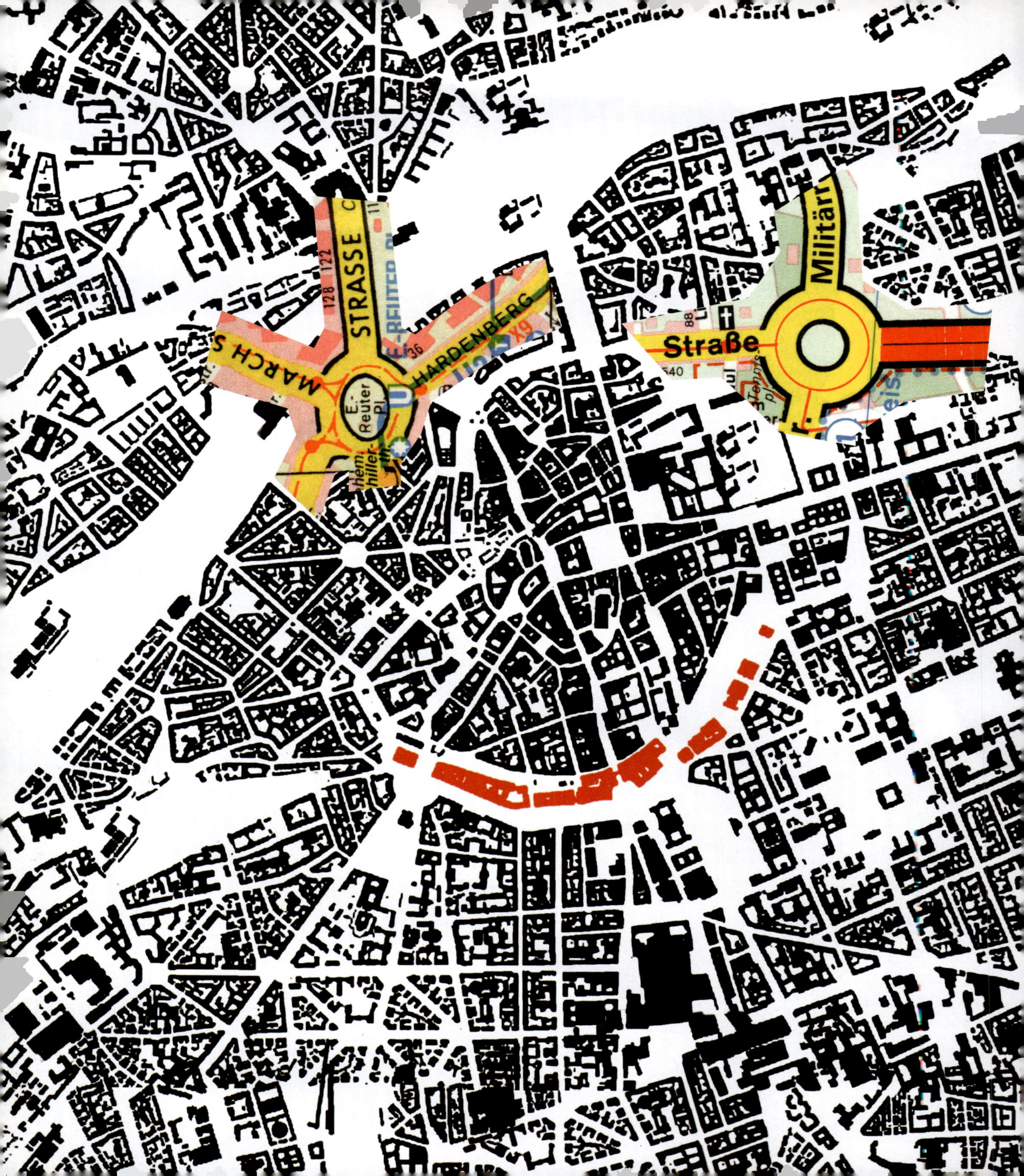
STRASSE
MARCH S
HARDENBERG
E. Reuter Pl.
Straße
Militärr

WAS macht mich zum STADT-EXPERTEN?

Das Stadt-Abc

… sorgt dafür, dass du nie wieder „Bahnhof" verstehst, wenn es um das Thema Stadt geht.

Achtung, hier kommt ein kleines Experiment: Was passiert, wenn du die folgenden Wörter liest? Baukultur, Bestandsplan, Bauleitplanung, Entsiegelung, Emission, Flächensparen, Freiraumplanung, Immission, Lärmverschmutzung, Quartiersmanagement, Versorgungstrassen, Wohnumfeldverbesserung. Na?

Herzlichen Glückwunsch, wenn du bis hierher durchgehalten hast und nicht gleich eingeschlafen bist. Denn fast jeder findet einen Text ermüdend, der voller Fremdwörter wie „Immission" und negativer Begriffe wie „Lärmverschmutzung" ist. Deshalb kommen solche Wörter nur selten in den vorherigen Kapiteln vor. Allerdings wollten wir sie dir auch nicht ganz vorenthalten. Denn so abschreckend ein Wort wie „Versorgungstrasse" klingen mag, man sollte es kennen, wenn man in der eigenen Stadt mitreden will. Aus diesem Grund findest du auf den grünen Seiten in diesem Buch viele Begriffe, die sich nicht gerade einfach anhören, die aber dabei helfen, wenn man in einer Diskussion über Stadt ernst genommen werden möchte. Noch ein Hinweis: Wörter, die so >*im Text* markiert sind, findest du noch einmal unter ihrem Anfangsbuchstaben erklärt.

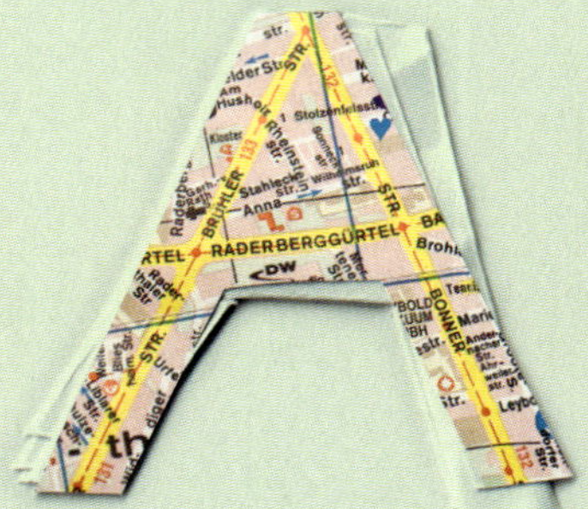

Abfall, Abwasser

Jedes Jahr erzeugen alle Bewohner Europas zusammen mehr als drei Milliarden Tonnen Abfall. Die Entsorgung kostet viel Geld und Energie. Und nicht nur das: Bei der Lagerung und Verbrennung von Müll entstehen große Mengen klimaschädlicher Gase und andere Schadstoffe. Das alles trifft auch zu, wenn verschmutztes Wasser wieder sauber werden soll. Das Beste ist, wenn jeder Bewohner einer Stadt sparsam ist. Das klappt besonders gut, wenn er dafür belohnt wird. Zum Beispiel indem er weniger zahlt, wenn er weniger Müll erzeugt und weniger Wasser verbraucht.

Architektur

Das Wort „Architektur" kommt aus dem Griechischen und heißt so viel wie „Baukunst" oder „Baustil". Gemeint ist im weitesten Sinne die Schaffung von Bauwerken. Gelungene Architektur sorgt dafür, dass Menschen sich wohlfühlen.

Baukultur

Es gibt Wörter, die sich kaum in eine andere Sprache übersetzen lassen, weil sie so treffend sind. Das deutsche Wort „Baukultur" gehört dazu – auch wenn es einem erst einmal fremd und sperrig erscheint. Es schafft nämlich das Kunststück, alles in der Stadt zu umfassen: die Gebäude und alles das, was dazwischen ist, zum Beispiel Straßen, Plätze, Brücken und Parks. Wenn es um Baukultur geht, ist damit nicht gemeint, ob ein Platz, ein Gebäude, eine Straße schön oder hässlich ist. Es geht darum, wie viel Lebensqualität der Ort seinen Bewohnern schenkt.

Bauleitplanung

Die Bauleitplanung ist das wichtigste Instrument der >*Stadtplanung*, weil sie die städtebauliche Entwicklung einer > *Gemeinde* steuert. Jede Bauleitplanung hat zwei Stufen: Zuerst wird ein >*Flächennutzungsplan* aufgestellt. Darin wird für das gesamte Gemeindegebiet festgehalten, welche Bedürfnisse voraussichtlich für die nächsten Jahre abgedeckt werden müssen. Daraus wird anschließend der Bebauungsplan entwickelt.

Bestandsplan

In einem Bestandsplan kann man erkennen, was bereits in der Stadt vorhanden ist. Damit man dabei den Überblick behält, werden die verschiedenen Nutzungsebenen einer Stadt wie Siedlungen, Verkehr und Freiflächen in einzelnen Plänen dargestellt.

Bodenversiegelung

Erdböden sind die „lebendige Haut" unserer Erde. Sie sind der Lebensraum und die Lebensgrundlage für Tiere, Pflanzen und Menschen. Und: Sie funktionieren wie eine Art reinigender Filter für das Grundwasser, aus dem wir zu einem großen Teil unser Trinkwasser gewinnen. Ein mit Asphalt oder Beton versiegelter Boden kann das nicht. Und er kann auch nach einem heißen Sommertag nicht gut abkühlen. Stattdessen speichert er die Wärme. > *Entsiegelung*

Brachflächen

Mitten in der Stadt gibt es immer mal wieder eine Art Niemandsland. Diese sogenannten Brachflächen gehören zwar jemandem, aber es kümmert sich keiner darum. Und Brachflächen einfach brachliegen zu lassen, ist nicht immer schlecht. Es ist gut für die vielen Tier- und Pflanzenarten, die sich dort angesiedelt haben – und für Kinder. Die Umweltpsychologie hat nachgewiesen, dass Kinder, die auf Brachflächen spielen durften, später besonders aktive Naturschützer werden.

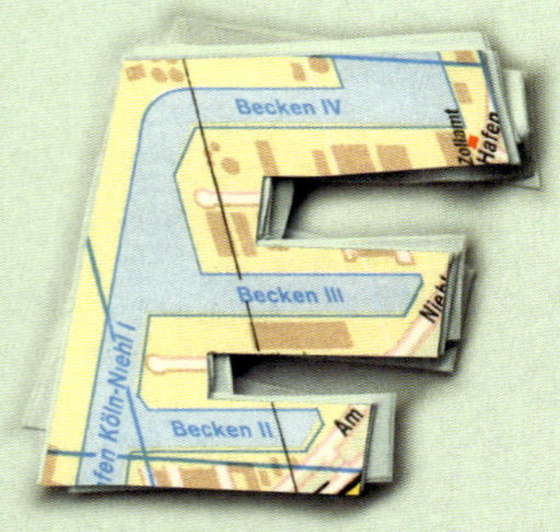

Emission

Das ist das, was rauskommt, wenn etwas produziert oder transportiert wird. Meistens handelt es sich dabei um schädliche Substanzen wie Gifte, Strahlen, Abwasser, Abgase, Rauchgase oder Lärm. Die Auswirkungen der Emission auf Mensch und Natur heißen > *Immissionen.*

Energie

In Städten gibt es viele Verkehrsmittel, große Gebäude und Maschinen, die (leider immer noch) jede Menge Strom, Öl und Gas verbrauchen. Städte sind deshalb für rund 70 Prozent des weltweiten CO_2-Ausstoßes verantwortlich. Und weil sich das wiederum sehr negativ auf das > *Klima* auswirkt, sollen die Städte ihren Energieverbrauch und die damit verbundenen > *Emissionen* senken. Das klappt natürlich besonders gut, wenn jeder von uns mitmacht. Mit dem > *ökologischen Fußabdruck* kannst du herausfinden, wie hoch dein persönlicher Energieverbrauch ist.

Entsiegelung

Wenn Erdboden von Beton oder Asphalt befreit wird, spricht man von Entsiegelung. Schon kleine entsiegelte Flächen bringen großen Nutzen, weil Regenwasser wieder im Boden versickern kann und dem Grundwasser zugeführt wird. Deshalb lohnt sich der Aufwand auch auf privaten Flächen wie Innenhöfen, Garagenzufahrten oder befestigten Wegen. Anschließend können sogenannte Ökopflaster wie Rasengittersteine oder wasserdurchlässige Porensteine mit breiten Fugen verlegt werden.

Finanzen

Frei aus dem Lateinischen übersetzt, bedeutet dieses Wort „Geld“ oder „Geldangelegenheiten“. Der Ausdruck „öffentliche Finanzen“ ist ein Sammelbegriff und steht für alle Ausgaben und Einnahmen des Staates oder der Gemeinde. Ausgaben können zum Beispiel die Kosten für Straßenbau oder Verwaltung sein. Einnahmen können Steuern sein, aber auch die Eintrittsgelder, die man bezahlen muss, um im städtischen Freibad schwimmen oder ein Museum besuchen zu können.

Flächensparen

Jede Sekunde kommen irgendwo in Deutschland rund zwölf Quadratmeter freie Fläche für Siedlungen und Verkehr neu hinzu. Das reicht zwar nur für ein kleines Zimmer, pro Jahr ergibt sich jedoch daraus eine Gesamtfläche, die weit größer ist als die Stadt München. Und das ist wiederum ganz schön viel Fläche, wenn man bedenkt, dass in Deutschland heute genauso viele Menschen leben wie vor 40 Jahren. Damit uns aber ausreichend Grünflächen erhalten bleiben, fordern Umweltexperten, dass die Ausbreitung von Städten gestoppt wird.

Freiraumplanung

Freiraumplaner haben >*Landschaftsarchitektur* studiert, und sie kümmern sich um die freien Räume zwischen den Häusern einer Stadt, also auch um Plätze und Straßen. Deshalb arbeiten sie oft mit Straßenplanern eng zusammen.

Gemeinde

Jeder von uns wohnt in einer Gemeinde, die auch Kommune genannt wird. Das kann ein Dorf sein oder, wenn es mehr als 10.000 Einwohner sind, eine Stadt. Die Gemeinden dürfen alle Angelegenheiten der Gemeinschaft, also der Menschen, die dort leben, selbst regeln. Das kann der Bau einer neuen Schule oder eines neuen Schwimmbades sein.

Grünplanung

Grünplaner sind überall dort zuständig, wo es grün in der Stadt ist. Dazu zählen Park-, Grün- und Sportanlagen, Kinderspielplätze, Straßenbäume und sonstiges Straßenbegleitgrün, Natur- und Landschaftsschutzgebiete, Wildgehege, Stadtwälder oder Freiflächen.

Grundriss

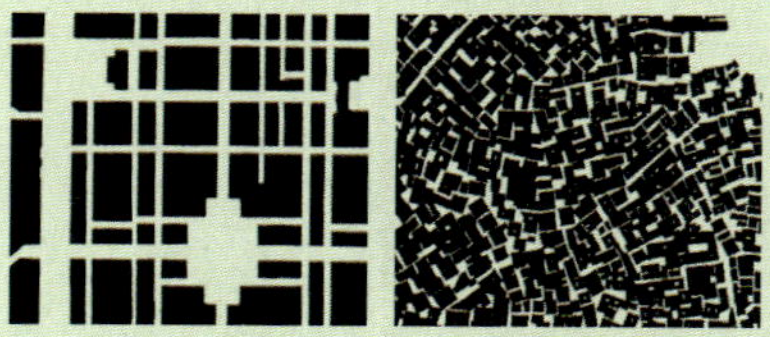

Jede Stadt hat einen Grundriss. Fachleute unterscheiden dabei ganz grob zwischen zwei verschiedenen Mustern. Erstens das regelmäßige, rechteckige oder quadratische Schachbrettmuster, dass seit mehreren Jahrtausenden in verschiedensten Kulturen und Erdteilen verbreitet ist. Zweitens das eher unorganisiert erscheinende Gassengeflecht der orientalischen Städte.

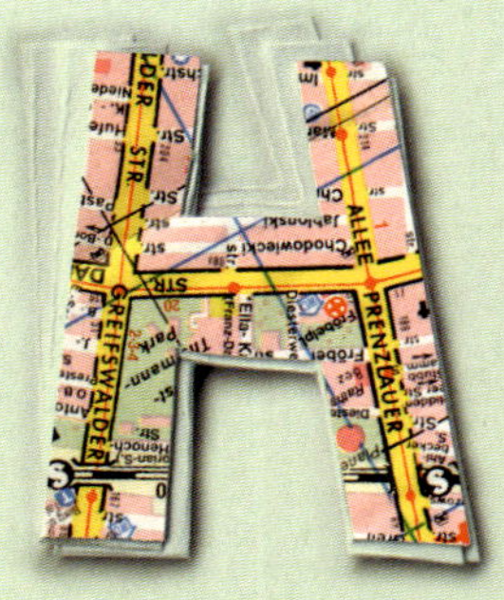

Hauptstadt

Das ist fast immer die Stadt eines Landes, in der Regierung und Parlament ihren Sitz haben. Bei uns ist das der Deutsche Bundestag in Berlin. Oft ist es auch die größte Stadt des Landes, jedoch nicht immer. Ein Beispiel: Washington ist die Hauptstadt der USA, aber nicht die größte Stadt in Amerika.

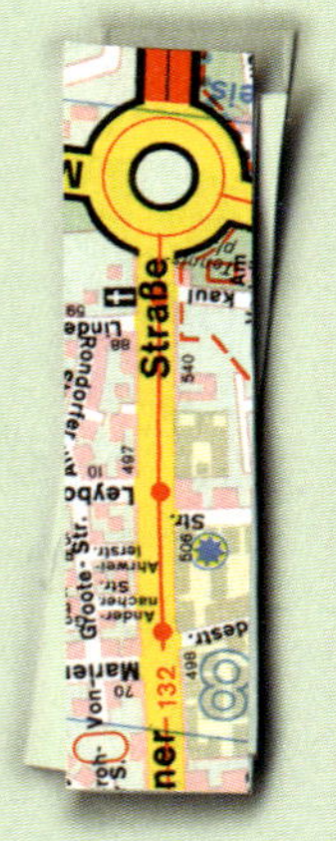

Immission

So heißen die Schäden, die durch Lärm, Abgase, Abwässer, Strahlung und sonstige Verschmutzung in der sogenannten Biosphäre entstehen. Damit sind wiederum Menschen, Tiere, Pflanzen, Boden, Wasser und Luft gemeint. Im Gesetz steht, dass jeder von uns dafür sorgen muss, die schädlichen Einwirkungen so gering wie möglich zu halten.

Infrastruktur

Dieses Wort steht für alle Einrichtungen, die für einen reibungslosen Ablauf der Bedürfnisse der Bewohner einer Stadt sorgen. Dazu gehören günstige Verkehrswege, die Gas-, Strom- und Wasserversorgung, funktionierende Telefon- und Internetverbindungen, gut ausgestattete Freizeit- und Bildungseinrichtungen, Sportanlagen, Krankenhäuser oder Altenheime. Dort, wo die Infrastruktur besonders gut entwickelt ist, wohnen Menschen besonders gern. Die Infrastruktur ist daher so etwas wie der Motor für die *> Stadtentwicklung.*

Kanalisation

Heute kommt es uns absolut selbstverständlich vor, dass Schmutz-, Schmelz- und Regenwasser durch unterirdische Kanäle gesammelt und entweder zur nächsten Kläranlage transportiert oder direkt in freie Gewässer eingeleitet wird. (Letztere werden in diesem Zusammenhang als Vorfluter bezeichnet.) Tatsächlich entstand erst ab 1856 in Hamburg das erste moderne Kanalisationssystem auf dem europäischen Festland. Und das ist ja noch gar nicht so lange her.

Klima

Die Begriffe „Klima“ und „Wetter“ werden oft verwechselt. Beides hat zwar mit Veränderungen in der Atmosphäre, also der Lufthülle um uns herum, zu tun. Doch es gibt einen großen Unterschied: „Wetter“ ist ein kurzfristiges Ereignis. Ein Beispiel: Gestern hat es geregnet, über Nacht haben sich die Wolken verzogen und heute scheint die Sonne. Das nennen Fachleute einen „Wettervorgang“. Mit „Klima“ meint man dagegen die Gesamtheit der Witterungsereignisse, die über einen längeren Zeitraum beobachtet werden.

Kommune *Siehe* > *Gemeinde*

Lärmverschmutzung

Kann Lärm überhaupt schmutzig sein? Natürlich nicht! Weil er jedoch wie dreckiges Wasser krank machen kann, passt das Wort trotzdem ganz gut. Krach von Autos, Zügen oder Baustellen ist für Stadtbewohner sogar die Nr. 1 unter den Umweltbelastungen. Deshalb wird der Lärm nun mithilfe von Lärmstadtplänen europaweit per Gesetz bekämpft. Das gelingt zum Beispiel durch Nachtflugverbote für Flugzeuge oder Flüsterasphalt auf den Straßen.

Landschafts-architektur

Die Aufgaben eines Landschaftsarchitekten reichen von der Planung und Erhaltung von Gärten und Parkanlagen bis zu ganzen Landschaftsbildern und großflächigen Naturräumen. Landschaftsarchitekten arbeiten oft in der > *Freiraumplanung* oder in der > *Grünplanung*.

Lichtsmog

Die Lichter einer Großstadt erhellen den Nachthimmel so stark, dass kaum noch Sterne zu sehen sind. Das ist nicht nur Nacht für Nacht eine gigantische Energieverschwendung, in den Sommermonaten bedeutet es auch den Tod von Milliarden Insekten, die in den Lampen verbrennen und dadurch den Vögeln als wichtige Futterquelle fehlen.

Metropole

Die Metropole ist die Hauptstadt, die den Mittelpunkt des

politischen, wirtschaftlichen und gesellschaftlichen Lebens eines Landes darstellt. Das gilt zum Beispiel für Paris, Athen, Buenos Aires oder Kairo. Bundesstaaten wie Deutschland oder die Schweiz besitzen keine ausgeprägte Metropole.

Nachhaltigkeit

Dieser Begriff stammt ursprünglich aus der Forstwirtschaft des 17. Jahrhunderts. Heute bedeutet er etwa, dass man nicht mehr ernten und verbrauchen soll, als in der Natur nachwachsen kann. Wie gut man das selbst schafft, kann man mit dem >*ökologischen Fußabdruck* berechnen. Einen Film zum Thema Nachhaltigkeit gibt's im Internet >>> *video.google.de* In die Suchleiste „The story of stuff deutsch" eintippen.

öffentlicher Raum

Darunter versteht man Orte, die für jeden frei und ohne Bezahlung zugänglich und nutzbar sind. Dazu zählen neben Straßen, Parks und Plätzen auch öffentliche Gebäude, die meist dem Staat gehören.

ökologischer Fußabdruck

Damit jeder von uns herausfinden kann, welchen Unterschied es für unsere Erde macht, ob man zum Beispiel Auto oder mit dem Rad fährt oder duscht oder badet, haben die beiden Forscher William Rees und Mathis Wackernagel aus den USA das Modell „Footprint" („Fußabdruck") entwickelt. Die zehn Minuten, die du im Internet für den Test benötigst, lohnen sich >>> *www.footprint.ch*

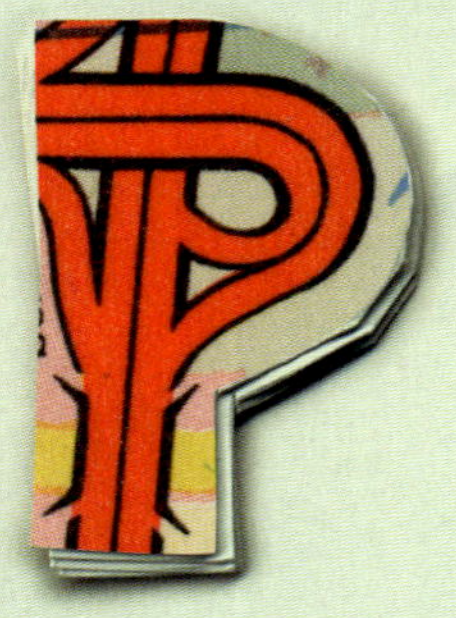

Pendeln

Seit den 1960er-Jahren haben Stadtplaner unser Leben immer weiter in räumliche Häppchen aufgeteilt: Hier wird gewohnt, dort gearbeitet, wieder woanders eingekauft. Von den getrennten Lebensbereichen hatte man sich ein besseres Leben versprochen. Leider ist das Gegenteil eingetroffen: Das Pendeln zwischen den verschiedenen Orten verbraucht unnötig viel Zeit und Energie. Heute versucht man herauszufinden, ob und wie es auch (wieder) anders geht, und fördert kurze Wege.

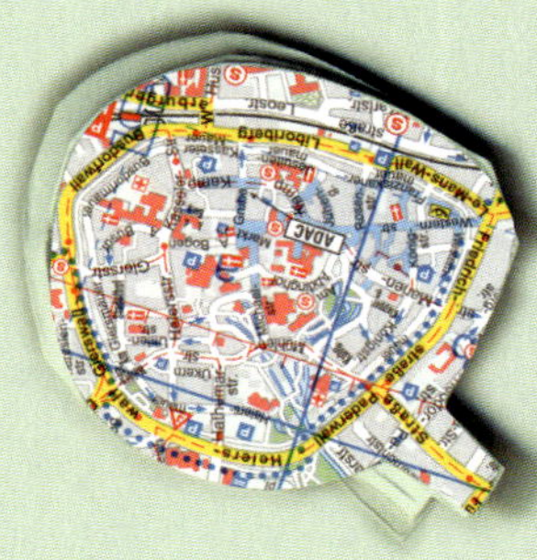

Quartiers-management

Damit ist ein Büro gemeint, das in einem meist benachteiligten Stadtteil aufmacht, um dort die Lebensbedingungen zu verbessern. Die Mitarbeiter des Büros suchen den Kontakt zu den Bewohnern des Stadtteils, um mit ihnen gemeinsam an seiner Entwicklung zu arbeiten.

Raumplanung

Hier ist nicht die Planung für ein einzelnes Zimmer gemeint, sondern für eine ganze Gemeinde oder Stadt. Raumplaner müssen sich mit der gebauten, natürlichen und sozialen Umwelt auseinandersetzen, um den > *Flächennutzungsplan* erstellen zu können.

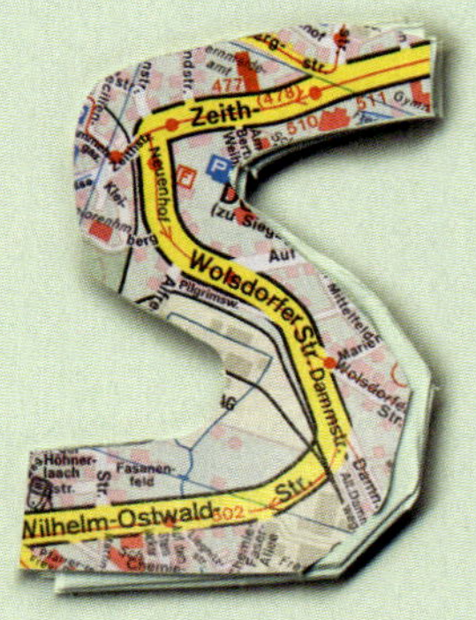

Spielleitplanung

Blödes Wort, tolle Sache: Bei der Spielleitplanung wird die ganze Stadt oder Gemeinde als möglicher Spiel-, Erlebnis- und Aufenthaltsraum betrachtet. Alle Plätze, auf denen sich Kinder und Jugendliche aufhalten, werden erfasst und bewertet. Das können Brachen, Siedlungsränder, Straßen, Grünanlagen oder Bushaltestellen sein. Anschließend wird mit den Ideen der Kinder und Jugendlichen der Spielleitplan erstellt. Sobald er vom Gemeinderat oder Stadtrat für verbindlich erklärt wird, werden die Ideen Schritt für Schritt umgesetzt. Wie das ganz praktisch funktioniert, steht im Internet:
>>> *www.spielleitplanung.de*

Stadterneuerung

Hinter diesem kleinen Wort verbirgt sich eine ziemlich große Sache. Nämlich die Tatsache, dass in den meisten deutschen Städten gar nicht mehr neu gebaut, sondern umgebaut wird. Dazu werden Bestandsaufnahmen gemacht, etwa um zu erfahren, welche Aufenthaltsorte gar nicht genutzt werden. Solche Orte kann man weiterentwickeln und so verändern, dass sich die Bewohner dort wohlfühlen. Außerdem hilft das Umbauen der Städte auch sehr effektiv beim > *Flächensparen.* Denn wenn innen die Dinge in Ordnung sind, braucht man außen keinen zusätzlichen Platz.

Stadtplanung

Ob > *Quartiersmanagement* oder gleich eine Neugestaltung ganzer Ortsteile – Stadtplaner haben ein vielseitiges Arbeitsgebiet. Dabei müssen sie die aktuellen Bedürfnisse der Bewohner im Blick haben und auch schon an die Zukunft denken.

Stadtreinigung

„Und wer macht das jetzt wieder sauber?“ Aufräumen, Müll wegbringen, den Abwasch erledigen – ohne geht es nicht, wenn es in der Wohnung nicht drunter und drüber gehen soll. Das gilt auch für die Stadt. In einer verdreckten, beschmierten, zugemüllten Stadt macht das Leben keinen Spaß. Gut also, dass es die Stadtreinigung gibt. Genauso wichtig: Jeder muss mithelfen, dass die Stadt sauber bleibt.

Straßennamen

Meistens werden die Namen so gewählt, dass sie irgendwie zusammenpassen. So entstehen Viertel mit Straßen, die zum Beispiel nach Dichtern, nach Physikern oder Märchenfiguren benannt werden. Der häufigste Straßenname in Deutschland ist übrigens „Hauptstraße“. Auf dem zweiten Platz steht „Dorfstraße“. Außerdem wimmelt es von Bahnhofsstraßen, Kirch-, Garten-, Berg- und Lindenstraßen. Wenn du eine bessere Idee hast, schick eine Mail oder einen Brief ans Rathaus. Denn sobald wieder eine neue Straße gebaut wird und einen Namen braucht, kann jeder einen Vorschlag machen.

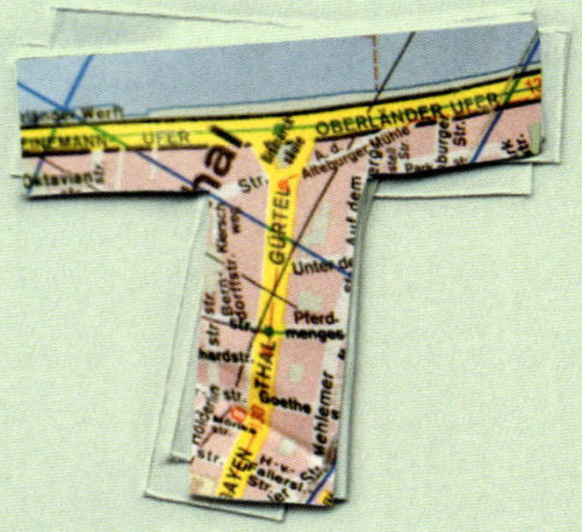

Trends

Die machen auch vor der Stadtplanung nicht halt: Mal ist es die autofreie Stadt, dann wieder die autogerechte Stadt. In den 1970er-Jahren wurde zum Beispiel „die Lösung“ der innerstädtischen Straßenverkehrsprobleme erfunden: die Ortsumgehungsstraße. Gesagt, getan. Heute umkreist sie nahezu jeden Stadtrand und macht ihre nächsten Anwohner garantiert nicht glücklich.
Ein aktuelles Lieblingskind ist der Kreisverkehr, der an vielen Orten die Ampeln ersetzt.
Was glaubst du: Wird man in 20 Jahren davon noch genauso begeistert sein wie heute?

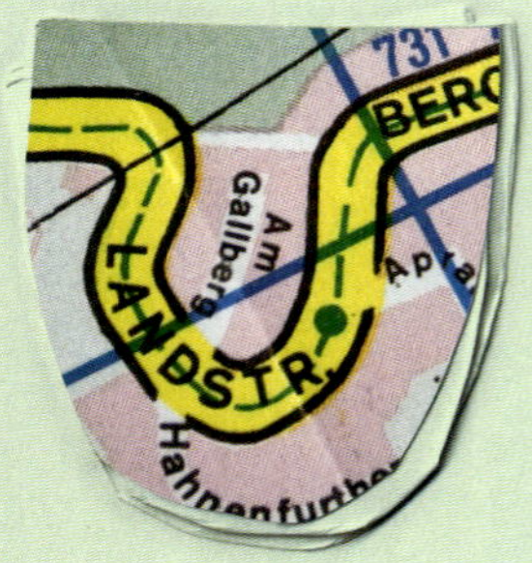

Umwelt

Wenn du jetzt an Pflanzen, Tiere, Erde, Wasser und Luft denkst, ist das natürlich richtig. Aber zur Umwelt gehört noch viel mehr. Damit ist all das gemeint, was um dich herum ist. Was du sehen, hören, riechen oder schmecken kannst. Also auch deine Familie, deine Freunde, Häuser, Autos und Straßen. Eben alles.

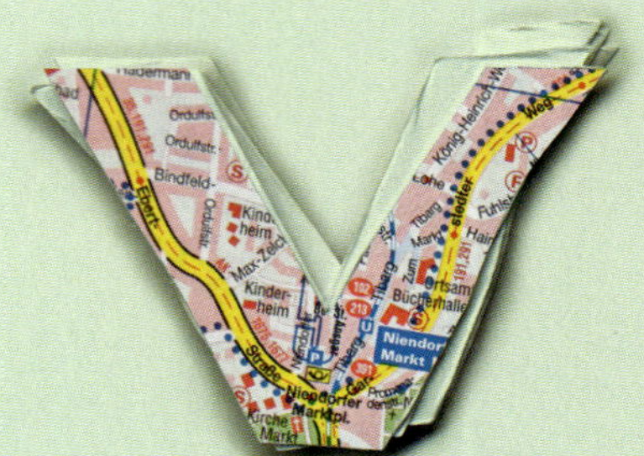

Vegetation

Vegetation meint alles Pflanzliche. Geprägt wird sie durch Klima, Boden, Gestein, Wasser, Feuer, Tiere und Menschen.

Verkehrstechnik

Überall wo Hightech im Straßenverkehr eine Rolle spielt, sind Verkehrstechniker am Werk: etwa bei Parkleitsystemen oder Ampelanlagen. (Gut zu wissen: Fachleute sagen dazu Lichtsignalanlage. Und ein lichtsignalisierter Knotenpunkt ist eine beampelte Kreuzung.)

Versorgungsstrassen

Das sind die Wege, die für die Versorgung der Stadt gebraucht werden. Für Strom, Gas, Telefon, Fernsehen, Wasser, Abfallbeseitigung, Straßenreinigung zum Beispiel. Versorgungstrassen gibt es sowohl unterirdisch wie überirdisch und manchmal werden auch einfach die Straßen dazu benutzt, etwa von der Müllabfuhr.

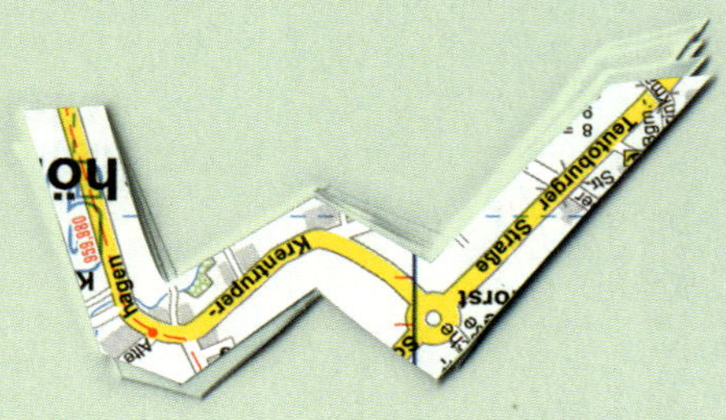

Wohnumfeld-verbesserung

Egal, um welches Gebäudeumfeld es sich handelt, diese Punkte sorgen dafür, dass sich die Menschen, die sich dort aufhalten, wohlfühlen: Die Müllplätze sind abschließbar und nur den Anwohnern zugänglich. Die Wege verlaufen nicht schnurgerade. Sie sind begrünt, beschattet und trotzdem einsehbar. Fahrradabstellplätze befinden sich in Eingangsnähe. Parkbänke laden zum Verweilen ein. Das ist eigentlich so einfach, dass man sich fragen muss: Warum nicht gleich so?

Zukunft

Lust auf Zahlen? Bitte schön: Man geht davon aus, dass im Jahr 2050 über sechs Milliarden Menschen in Städten wohnen werden. Bis dahin sollen die Städte mit ganz wenig Energie auskommen. In manchen Orten hat die Zukunft schon begonnen: In Europa zum Beispiel im Ökoviertel in Freiburg oder im BedZED-Quartier in London. In China und Abu Dhabi sollen komplett kohlenstoffneutrale Städte entstehen: Dongtan bei Schanghai oder Masdar City mitten in der Wüste. Das ehrgeizige Ziel soll mit Wärmedämmung, Energie aus nachwachsenden Rohstoffen, Verkehrsmitteln mit Elektromotoren und vor Ort produzierten Lebensmitteln erreicht werden. Die Städter der Zukunft müssen nämlich Selbstversorger sein.

WAS denke ich ÜBER MEINE STADT?

Das gefällt mir in meiner Stadt richtig gut:

Das darf für mich in keiner Stadt fehlen:

Darauf kann ich in jeder Stadt verzichten:

Das würde ich ganz anders machen, wenn ich Bürgermeister wäre:

Das kann ich für meine Stadt tun:

„Thank you! Merci! Grazie! Gracias!
Allein hätten WIR es nie geschafft!"

Fast jede Idee fängt etwa so an: „Man müsste mal ..." In diesem Fall lautete der Satz, der alles ins Rollen brachte: „Man müsste mal ein Buch über Stadt machen, das Kindern und Jugendlichen Lust macht, sich ihre eigene Stadt ein bisschen genauer anzusehen."
Und wie es immer so ist: Denken geht meist schnell.
Machen dauert viel länger. Manchmal ist es sogar unmöglich, dass man es alleine schaffen kann. Das gilt auch für dieses Projekt. Deshalb: Vielen, vielen Dank an alle, die mitgeholfen haben!

Ein doppeltes Dankeschön geht an unsere Förderinnen der allerersten Stunde: Ulrike Rose und Anne Kraft von der Landesinitiative StadtBauKultur NRW. Danke! Danke! Ohne euch würde es das Buch nicht geben.
Danke auch an alle Mitdenker der zweiten Stunde, als es darum ging, der Idee eine erste Form zu geben: Anne Lachmuth, Päivi Kataikko, Markus Weckesser, Barbara Kotte und Peter Bünnagel.

Danke, Danke, Danke an Thekla Ehling, Patricia Neligan und Andrea & Andrew Nash für all die wunderschönen Fotos. Und natürlich ganz viele Dankeschöns an Tula, Luzi, Ludwig, Siri, Marie Fee, Levin, Niklas, Anne, Carina, Kaspar, Estella und viele, viele mehr fürs Springen, Klettern, Hüpfen, Strahlen, Warten vor der Kamera. Danke an alle Interviewpartner für so viel Geduld, die jede Buchentstehung von allen Beteiligten fordert. Danke an alle Fotografen und Künstler, die uns erlaubt haben, ihre Bilder im Buch zu zeigen.
Danke an Hendrik Hellige – ohne dich hätten entscheidende Fotos gefehlt!
Das gilt auch für Bernadette Fielers, Peter Jürgens, Manfred Kühne und Beatrix Burtin: Danke, dass Sie so wichtige Bilder möglich gemacht haben, die Stadtplanung so wunderbar illustrieren!

Danke an so viel tatkräftige Unterstützung und Anregungen von Petra Stockhausen, den Mitarbeitern von Mobau Linden in Köln, Andi Prerauer, Iris Fussenegger, Michael Adolph, Beate und Jürgen Lichtenberger.
Und ganz, ganz vielen Dank an Susanne Koppe, Julia Rissler und Beatrice Wallis für so viele gute Impulse und Gedanken! Ein großer Dank an Sabrina Jung für den Beistand mit Iso v2, Photoshop und die guten Nerven.
Ein Wahnsinnsdank an Christine Brasch für die vielen guten Worte – und das ist wörtlich gemeint!
Ein Herzensdank von Anke an Jesse, Christa und Horst für so viel Geduld mit mir.
Und noch ein Riesendank von Lisa an meine Eltern und tausendfach an Freerk, für alles!

Bildnachweis: Cover > Thekla Ehling (TE), Patricia Neligan (PN), Lisa Rienermann (LR), Anke Leitzgen (AL); Vor- und Nachsatz, Innentitel, Inhaltsverzeichnis, Danksagung, Lettering > LR; **S. 8** > AL/LR

Kapitel 01 --- **S. 10** > LR; **S. 12** > TE; **S. 14** > PN, LR, TE; **S. 17** > TE; **S. 18** > LR; **S. 20** > TE; **S. 21** > AL, LR; **S. 22/23** > pixel image bank (Andrea & Andrew Nash); **S. 24** > PN; **S. 25** > AL, LR; **S. 26** > AL, TE, LR; **S. 27** > LR; **S. 28/29** > LR; **S. 30** > LR; **S. 31** > Bärbel Maiwurm (gelbes Haus, Boot), LR; **S. 32** > PN; **S. 33** > AL, PN, LR, Ulrike Rose; **S. 34/35** > Google

Kapitel 02 --- **S. 38** > LR; **S. 40/41** > PN; **S. 42** > Senatsverwaltung für Stadtentwicklung Berlin; **S. 44** > Senatsverwaltung für Stadtentwicklung Berlin mit T. Nöfer; **S. 46/47** > PN; **S. 48** > LT, AL, TE; **S. 50/51** > TE, PN, AL, LR; **S. 52** > Cornelia Ehmayer/privat; **S. 53** > PN; **S. 54** > TE; **S. 55** > PN, AL; **S. 56/57** > LR; **S. 58** > Google; **S. 60/61** > TE, PN, LR; **S. 62/63** > TE, PN, AL

Kapitel 03 --- **S. 64** > Per aspera ad Astra, Wikimedia Commons, lizenziert unter GNU-Lizenz für freie Dokumentation; **S. 65** > LR; **S. 66** > TE (Montage LR); **S. 68/69** > TE, PN; **S. 70/71** TE; **S. 72/73** > Verkehrsbetriebe STI / Thur, Schweiz; **S. 74** > Margit Jacob/pixelio.de; **S. 75**> Mike Pannek/Privat; **S. 76/77** > TE

Kapitel 04 --- **S. 78** > LR; **S. 80/81** > David Iliff, Wikimedia Commons, lizenziert unter GNU-Lizenz für freie Dokumentation (Paris), Niedersächsische Rasenkulturen NIRA GmbH & Co. KG (grünes Gleisbett), Lisa Goode (Dachgarten), LR (Park); **S. 83** > Patrick Blanc; **S. 84** > Laurent David Ruamps (Tower Flower), Anna Garforth (Moos Grafitti); **S. 85** > Lucas Roberts (Highline Park), AL; **S. 86/87** > PN, LR, TE; **S. 88** > Tom Fox; **S. 90** > Marco Clausen; **S. 92/93** > Åsa Sonjasdotter (Kartoffeln), Katja Renner (Beet und Menschen), Marco Clausen (alle übrigen); **S. 94** > Bohn & Viljoen Architects; **S. 95** > Katrin Bohn/Privat **S. 96/97** > Anna Graforth (Blumenampel), Sean Martindale (Posterpocketplants), TE, LR; **S. 98** > James Emmet; **S. 100** > LR

Kapitel 05 --- **S. 102** > TE; **S. 104** > TE; **S. 106** > TE; **S. 108/109** > TE, LR; **S. 110** > PN; **S. 111** > Matthias Bauer/privat, **S. 112/113** > TE, LR, AL; **S. 114/105** > TE; Dominik Asbach (Einradfahrer), AL

Kapitel 06 --- **S. 116** > LR; **S. 118** > Carsten Gliese (Treppe); **S. 119** > Olafur Eliasson, Your new bike (Mifa), 2010, Bike, mirror, aluminium, plastic, 104 x 55 x 168 cm, Courtesy the artist; neugerriemschneider, Berlin; and Tanya Bonakdar Gallery, New York (Spiegelfahrrad); Karen M. Boykin (Elmgreen & Dragset); **S. 120** > Carlos Martinez Architekten (Citylounge, St Gallen); OK Höhenrausch, 2009, Foto: Dietmar Tollerian; Doris Salcedo, 2003 (Stühle); **S. 121** > OK Höhenrausch, 2009, Leonid Tishkov, Private Moon, 2009, Foto: Otto Saxinger; Olafur Eliasson, Green river, 1998, Uranin, water, Dimensions variable, Courtesy the artist; neugerriemschneider, Berlin; and Tanya Bonakdar Gallery, New York (grüner Fluss); Manfred Beck (Richard Wilson) > Jan Vormann; **S. 123** > Carol Hummel, www.carolhummel.com (Baum); Brad Downey (Herz); **S. 124** > Benoit Lemoine (Reißverschluss); Brad Downey (Telefonzelle); Joshua Allen Harris (Luftaffe); **S. 125** > Joshua Allen Harris; **S. 126** > VARIOUS & GOULD, www.grobgrafik.de (Jongleur); escif (Männchen auf Eimer); picture alliance/dpa (Kleeblätter); **S.127** > picture alliance/empics (Banksy); LR (blu); Claudio Ethos (Fisch); **S. 128** > AL; **S. 130/131** > LR; **S. 132/133** > LR; **S. 134/135** > LR; **S. 136/137** > LR, PN, TE;

Kapitel 07 und Anhang --- **S. 138** > Sabrina Jung, LR; **S. 141** > LR; **S. 142** > LR, TE, AL; **S. 144/145** > Gerhard Curdes - Stadtstruktur und Stadtgestaltung. Stuttgart (Grundrisse); Florian Schweidler (Lichtsmog) LR; **S. 146** > LR, **S. 148/149** > LR; **S. 150/151** > LR; **S. 156** > LR, TE, AL

Impressum

www.beltz.de

Neue Rechtschreibung
Druck: Beltz Druckpartner, Hemsbach
Bindung: Druckhaus „Thomas Müntzer" GmbH,
Bad Langensalza

Printed in Germany
ISBN: 978-3-407-75360-1
1 2 3 4 5 15 14 13 12 11

In Zusammenarbeit mit
StadtBauKultur NRW

Text, Konzept und Idee:
© Anke M. Leitzgen
www.anke-m-leitzgen.de

Art Direction, Illustration, Bildredaktion:
© Lisa Rienermann
www.lisarienermann.com

vermittelt durch die Agentur
Susanne Koppe, Hamburg
www.auserlesen-ausgezeichnet.de

Anke M. Leitzgen

Ich versuche Sachbücher so zu schreiben, wie ich sie selbst früher vermisst habe. Bücher, die einem die Welt erklären und gleichzeitig das Herz ansprechen, die Neugierde stillen und dabei schon wieder neugierig machen. Bücher, die so lebendig wie Dokumentarfilme sind. Die in einem etwas zum Schwingen bringen, das Lust macht, etwas Neues zu wagen. Und die sagen: Das Leben ist schön, und du wirst da draußen gebraucht, um es noch schöner zu machen. Ich wünsche mir, dass ein bisschen davon bei meinen Lesern ankommt. >>> *www.anke-m-leitzgen.de*

Lisa Rienermann

Ich liebe es, wenn Bilder Geschichten erzählen. Wenn ein Wasserfleck zum Gesicht wird, eine Straßenkreuzung zum Buchstaben und ein Schatten lebendig. Ich hoffe, dass diese Bilder den Lesern und nicht zuletzt auch den Nicht-so-gerne-Lesern so viel Spaß machen wie mir. Und dass sie so ansteckend wirken, dass man Lust bekommt, rauszugehen, um selbst die Dinge hinter den Dingen zu finden. Mehr entdecken? Unter >>> *www.lisarienermann.com*